力量与搏击训练

适用于教练员、运动员
以及其他从事体育及健康工作的专业人士

[法] FRÉDÉRIC DELAVIER · MICHAEL GUNDILL 编著

尹承昊 译

山东科学技术出版社
·济南·

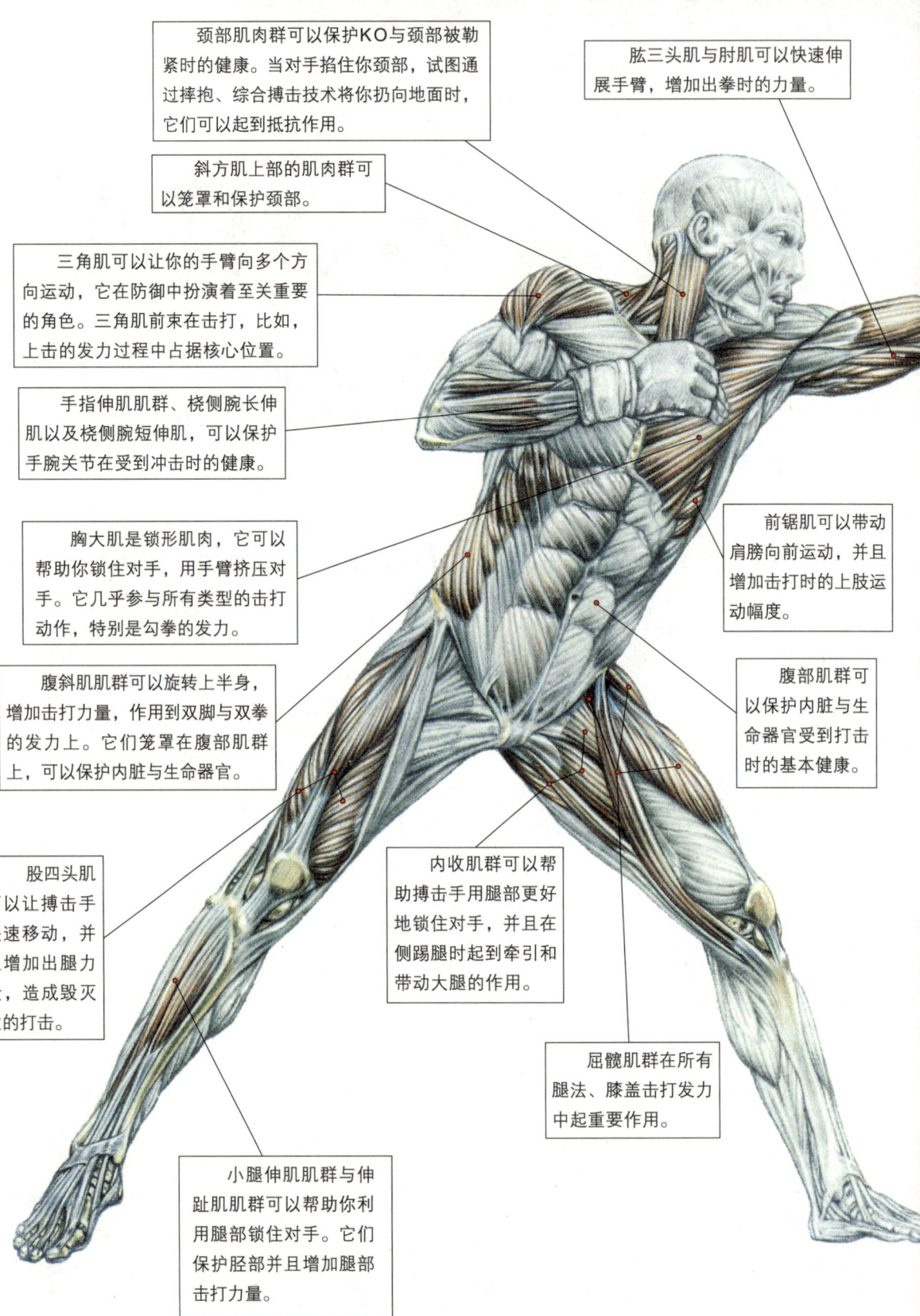

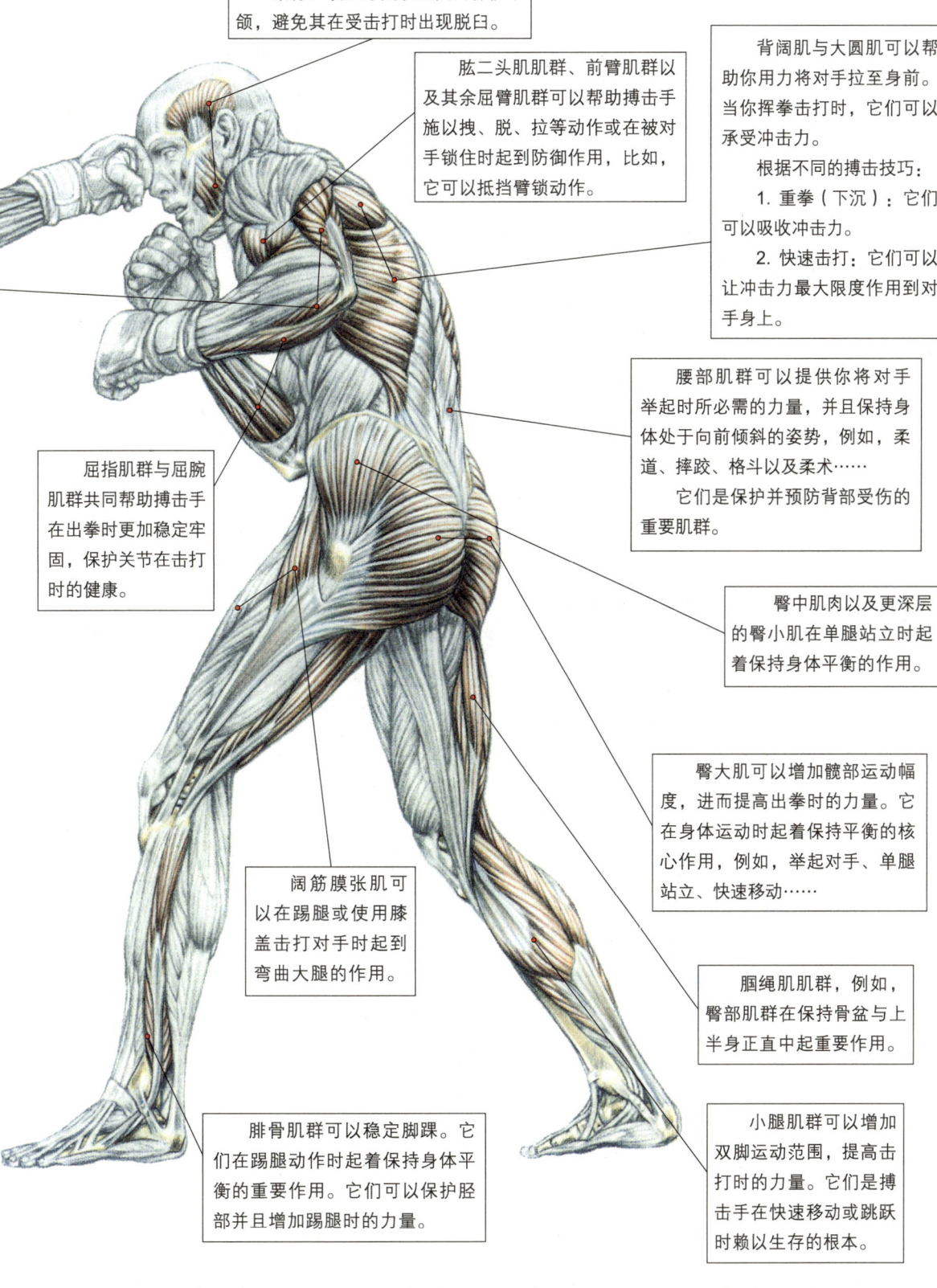

前言

为何要进行肌肉训练？

肌肉训练对于搏击类运动是不可或缺的，它可以提高搏击手在五大不同方面的能力：

❶ 获得击打力量。
❷ 提高耐力与防御能力。
❸ 提高动作幅度，例如，鞭腿时的幅度。
❹ 为身体打造优秀的装甲，减少伤病。
❺ 预防伤病，持续猛烈地击打会导致肌肉与关节过早衰弱。肌肉可以帮助你预防这些伤病，让搏击手不至于被不必要的伤病所困扰。

◆ 效率是重中之重

效率是重中之重。但是，搏击手没有很多的时间进行肌肉训练，他们的身体恢复时间是有限的，用在肌肉训练上时间的多少会导致其搏击技术的训练时间受到影响。

因此，你的肌肉训练计划需要包括以下两个重要方面：

❶ 只训练效果最优化的训练动作。你能够发现有不少的训练动作虽然广为人知，但是对于搏击却是在浪费时间，因为它们并不准确符合搏击运动中神经系统的需求。
❷ 力争训练最具有代表性和针对性的动作。

在这本书中我们将聚焦这个方面的问题，以便让搏击手可以在最短的时间内获得最优秀的成绩。

◆ 简易训练

现在有许多的搏击训练器械，其中有绝大部分都是无用的。事实上，一根杠铃杆、几个哑铃、杠铃片就足以让你训练出非常优秀的成绩。我们将围绕这两大类器械进行介绍，让每个搏击手都有条件训练，并且训练效率极高。

◆ 体态与肌–肉在搏击中的应用

在过去，搏击技术被固定的较死板，搏击手少有机会获得适合自己的体态。但是，自从自由搏击革新后，搏击手可以根据自身的体态选取最适合自己的搏击技术。

你需要将这种观念深入肌肉训练中，以避免重蹈前人覆辙。我们每个人都有各自独特的体态，这是生理学决定的，你需要尊重并利用它尽可能成为最优秀的搏击手。我们将为你讲解如何让自己的肌肉训练与自身的体态相适应。

前言：为何要进行肌肉训练？ 4

第一章　肌肉训练基础理论 10

制订你的训练计划 13
20条基础训练法则 13
训练周期的作用 29

提高力量与爆发力的窍门 31
搏击力量训练的八大核心问题 31
搏击所需的五大力量类型分析 32
让击打更具效率的秘密 34
肌肉力量训练时该如何呼吸？ 35
让肌肉训练满足搏击需求 36

增长耐力的方法 41
爆发力与耐力：互相对立的两大肌肉特性 41
五个缓解爆发力与耐力兼容矛盾的方法 41
理想的专项训练——采用循环训练法 42

改善柔韧性的技巧 44
柔韧性与硬度：两种矛盾的肌肉特性 44
拉伸的时间 46
拉伸的方法 48

恢复肌肉与预防伤病的常识 49
热身的技巧 49
放松运动 50
泡沫轴自动按摩法 51
肌肉发展不平衡是导致受伤的关键因素 52
遇到伤病时使用交叉训练法 53
营养补充 53

第二章　搏击专项肌肉力量训练 54

颈部、斜方肌与颌部 56

颈部肌肉力量训练 60
　颈弯举 60
　颈屈伸 61
　颈侧屈 63
　强化颌部肌群 64
　把你的颈部埋入粗壮的斜方肌 65
　耸肩 66

腹部肌群 **69**
　仰卧起坐 70
　器械卷腹 73
　转体卷腹 74
　悬垂转体卷腹 77
　静力桥训练 78

拳击与肘击 **80**
　增长爆发力 81
　卧推，窄距 81
　弹力带或滑轮训练拳击与捶击能力 .. 83
　重球投掷训练 85
　前臂肌群肌肉力量训练 86
　腕屈伸 87
　腕弯举 88
　强化根基力量 90
　半蹲 90
　提踵，站姿 92

腿法与膝击 **94**
　腰肌的悖论 95
　增强绝对力量 96
　屈髋训练，站姿 96
　屈髋训练，悬垂姿势 98
　跪姿弹力带膝击训练 99

抓、拖与绞技 **100**
　引体向上 100

肱三头肌臂屈伸	101
悬垂腕弯举	102
锤式弯举	104

使用或抵御锁技 — 105
增强你的抵抗能力	105
器械吊带悬垂训练	105
内收肌静力训练	106
腿举，全程幅度	108
坐姿深蹲	109
腿弯举，卧姿	109
胫前肌屈伸练习	111
臀桥	112
呼吸肌在耐力训练中扮演的角色	113
负重呼吸练习	114
髋关节柔韧度的重要性	115
旋转髋关节拉伸练习	115

扭倒技 — 117
屈腿硬拉	117
直腿硬拉	120
高翻挺	121
划船	123

第三章　训练计划 — 126

初级全身肌肉力量训练计划 — 128
熟悉性肌肉力量训练计划	128
增加训练强度阶段	128
初级全身肌肉力量训练计划，进阶级	129

进阶级训练计划 — 130
进阶级训练计划，基础阶段	130
进阶级训练计划，进阶阶段	130
进阶级训练计划，高难度阶段	131

针对性训练计划 **132**
  拳击训练计划 132
  踢击训练计划 133
  地面搏击训练计划 133
  增强对抗能力训练计划 134

循环耐力训练 **135**
  基础循环训练，初级阶段 135
  基础循环训练，中级阶段 135
  基础循环训练，进阶阶段 136

针对性循环训练 **137**
  拳击循环训练 137
  踢击循环训练 137
  地面搏击循环训练 138
  增强对抗能力循环训练 138

家庭循环训练 **139**
  保护颈部训练计划 139
  腹部肌群训练计划 140

预防伤病训练计划 **140**
  预防肩部伤病 140
  预防腰部伤病 141
  预防颈椎伤病 141
  预防髋部伤病 142
  预防膝关节与腘绳肌肌群伤病 143

制订你的训练计划 / 13

提高力量与爆发力的窍门 / 31

增长耐力的方法 / 41

改善柔韧性的技巧 / 44

恢复肌肉与预防伤病的常识 / 49

第一章　肌肉训练基础理论

制订你的训练计划

20条基础训练法则

在制定专属个人的肌肉训练计划前，你需要了解一些基础的训练理论。我们将要介绍20条基础训练法则，它们是制订训练计划的核心。通过这20条基础训练法则的介绍，你可以轻松解决在制订训练计划过程中所遇到的疑问和困难。

❶ 确定你的训练目标

无论你制定什么样的训练计划，第一个需要明确的即你的训练目标是什么，你希望通过训练变的：
→ 更加强壮；
→ 增长力量；
→ 强化特定区域；
→ 提高击打效率；
→ 完善心血管系统能力；
→ 更加健康？

我们的训练目标往往是多个而非单一的，如果你没有清晰的训练目标，制定理想的训练计划将会变得很困难，因为不同的训练目标所需要的训练计划是截然相反的。

接着，你需要具体量化你的训练目标，比如，我希望：
→ 手臂力量在一个月内增长5千克；
→ 在15日内双倍完成以前10分钟训练的组数；
→ 在两个月内提高颈部围度1厘米。

达成训练目标的具体日期应当是合理和可实现的，告诉自己你不可能进步得那么快！在实际训练中，经常会出现平台期现象。但是，结合一个优秀的训练计划，真正遇到平台期的概率是极低的。很好量化你的总体训练目标，并在每个训练阶段都进行合理的细致规划，你会很容易给出达成训练计划的最佳目标时间。每跨越一个训练目标，便可以更让你清楚继续训练的动力和目标是什么。

不同类型的训练计划将会在第三章（第126页）进行介绍；它们都是基础的训练计划，根据自身需求制定个性的训练计划就从现在开始。

❷ 确定每周肌肉训练次数

如何确定每周肌肉训练次数与训练作息表的内容密切相关，它是决定性因素。然而，对于大部分训练者，制定一份适宜的训练作息表是非常困难的。比如，有些训练者习惯每周一次的肌肉训练，虽然缺乏针对性，但毕竟胜于无训练，对于搏击水平的发展还是有一定作用的。对于初级训练者，每周一次的肌肉训练是足够的。但是，如果可以完成两次肌肉训练，会更有利于搏击水平的提高。每周三次的训练可以提供更多的动作选择，有助于训练者获取力量的提高。我们建议训练者每周不要超过四次肌肉训练，一定要谨记这句话：过量训练所带来的危害远比不训练要大得多。注意，高水平的竞技运动员可以一周进行超过四次的肌肉训练，但这并不能被作为普通人训练时间表的参考标准。

> **⚠ 注意!**
>
> 当你刚接触肌肉力量训练时，身体会充满能量。你渴望每天都进行训练，认为这样会最快速的让身体进步。然而，这种过度的激情反而会影响你的训练成果（过量训练的后果）！它会直接降低你的训练原动力。记住，训练没有强大的魔法，不会立即显露效果，持之以恒才是成功关键之匙。

♦ **演变**

我们建议训练者在刚开始的一到两个月内采取每周一次到两次的肌肉训练安排，当你的身体充分适应、做好准备以后，再进入到一周三次的肌肉训练方式。一定要注意，不要安排一周超过三次的训练课。经历三到六个月的系统训练后，你可以将训练作息表改为四天一训练。

❸ 确定训练作息表

最理想的训练作息表是采取轮流制的方法，即练训一天、休息一天。但因为受到各种主客观环境的影响，这种作息安排不一定是最适合你的。此时，你便需要做出最合适的选择，根据一周肌肉训练次数，可以分为如下四种情况：

♦ **一周一练：**

你将拥有完全自由的选择权利。

♦ **一周两练：**

最理想的作息安排应当是在两次训练课间留出足够的休息时间，比如，周一与周四或周二与周五进行训练。注意，无论在何种情况下，一定要确保在两次训练课间留出至少一天的休息。唯一例外的是，如果周末没有办法训练，可以安排两次连续的训练课。虽然连续的肌肉训练不是我们所希望看到的，但是你却拥有一个周末的时间进行身体恢复。

♦ **一周三练：**

最理想的作息安排应当是采取轮流制的方法，即星期一、星期三与星期五训练，星期二、星期四与周末休息。同样，你也可以采取连续两次训练课的安排，比如，安排在周六与周日，将第三次训练课留到周三。一定要避免连续三天进行肌肉训练，否则你的训练作息表就不能再安排别的类型的训练了。

♦ **一周四练：**

在这种情况下，休息的时间被压缩得越来越短，必然会出现连续两次的肌肉训练课安排。比如：

→ 星期一，星期三，星期五，星期天；
→ 星期一，星期二，星期四，星期六。

除非你采用一种灵活性极强的安排方式，即在八天而不是七天的时间里安排四次的腹部训练课。这样相比七天四次训练课的安排，你在每一次训练课后都获得了一天的休息时间，会更有利于身体的恢复。唯一稍显不足的是，因为时间长度由七天变为八天，所以你每周都需要不断调整新的训练作息表。

> **⚠ 注意！**
>
> 清楚一周内安排几次训练课即确定两次训练课间的休息时间长短。
>
> 因为肌肉的发展与休息密切相关，只有休息才能够让它们重建、生长。
>
> 合理安排休息时间甚至比训练时间的安排都更加重要。
>
> 如果你在训练中发现有点力不从心，一定要谨慎地重视休息时间的问题，让肌肉获得充分休息，给予它们足够的时间去重建、生长。搏击训练出现停滞与缺少休息两者之间是可以画等号的。

❹ 确定肌肉训练数量

为了回答这个问题，我们需要仔细区分肌肉训练（健美）与提高搏击能力训练的区别。健美运动员的训练孤立性更强，喜欢单独训练一个部位。比如，在第一天你安排上半身的肌肉训练，第二天则进行下半身的肌肉训练。

如果搏击运动员采取这种方法进行训练，毫无疑问是犯了非常严重的错误。为了确保肌肉适应搏击运动的需求，你需要在每个训练日训练相同部位的肌肉，因为它们在搏击中是共同发力而非单一运动的。

唯一的例外是如果你的目标在于强化单一的部位，比如，在进行颈部或腹部时，可以进行单一部位的肌肉训练。

❺ 确定肌肉训练次序

我们的身体由六大肌肉群组成（见下一页图片）：

→ 手臂肌群（肱二头肌、肱三头肌、前臂）；

→ 背部肌群（颈部、斜方肌、背阔肌、腰部肌群）；

→ 肩部肌群；

→ 胸部肌群；

→ 腹部肌群；

→ 腿部肌群（股四头肌、股二头肌、臀部肌群与小腿肌群）。

理论上总共有20余种不同次序的六大肌肉群搭配训练方法，并非是全部优秀和合适的，我们将为训练者介绍如何筛选排除，选择最有效率的训练搭配方法。

优秀的肌肉训练次序需要满足以下三点：

→ 基础训练法则；

→ 训练优先性；

→ 训练适应性。

♦ **1. 基础训练法则**

对于大部分搏击运动员，需要满足以下基础训练法则。

→ 不要在胸部训练、肩部训练或背部训练前安排手臂训练。因为对于这三大肌群，在训练时都需要运用手臂的力量。不能在你对上半身准备进行轰炸式训练时，手臂已经完全力

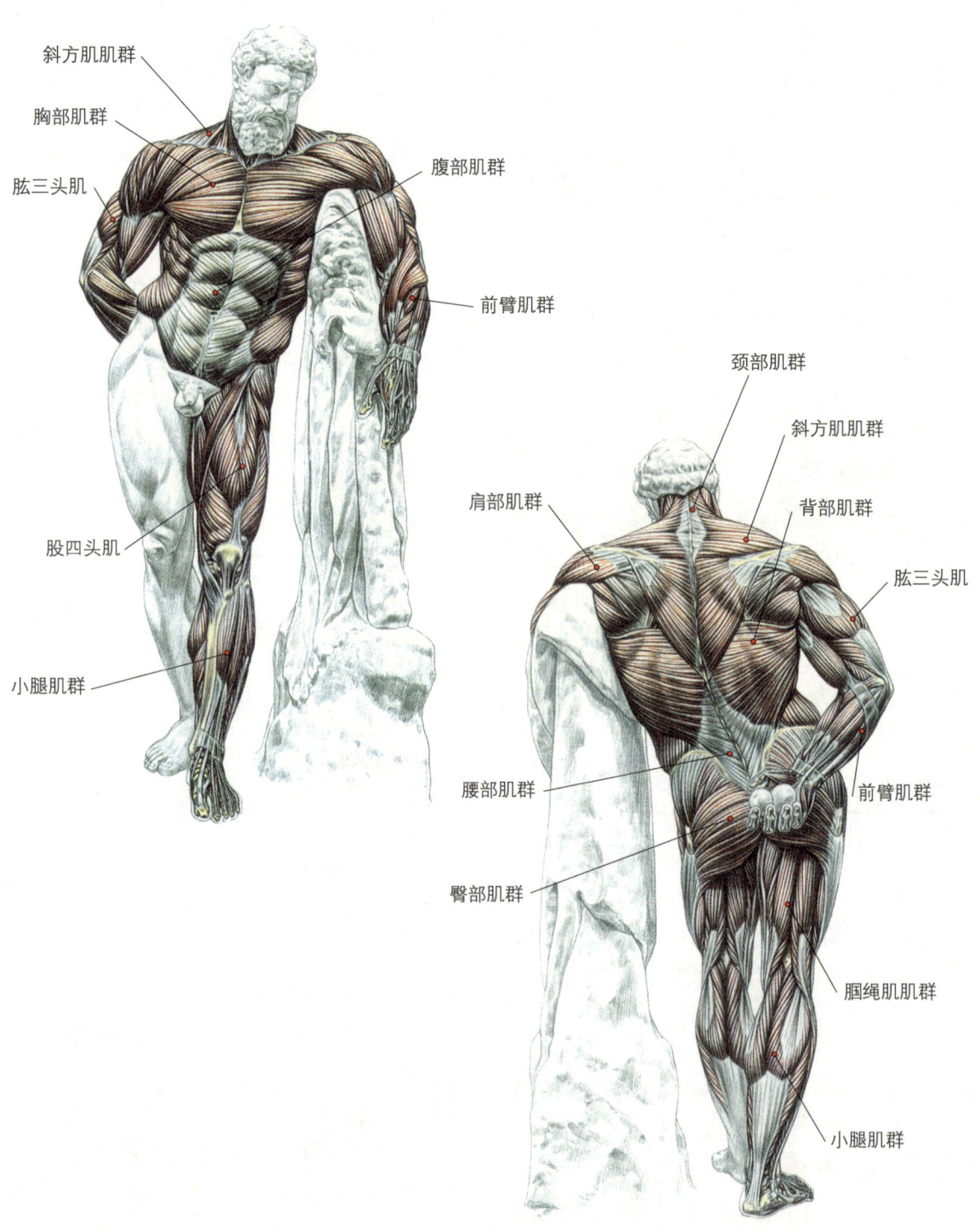

竭。

→ 对于腿部训练，小腿肌群永远是最后一个进行训练的部位。因为当小腿疲劳时，会让你在举起大重量时大腿出现颤抖现象。这种现象不仅会影响你的训练表现，更会导致伤病危险（如摔倒、跌落）。

→ 训练完一个上半身动作后，进行一个下半身训练动作，如此交替练习。例如，胸部肌群、股四头肌、肩部肌群、股二头肌、背部肌群等，并且当上半身处于休息恢复时，下半身已经在进行训练，如此一来可以加大训练密度，提高训练强度。

♦ 2. 训练优先性

这是决定训练次序的最核心因素，即你所需要优先训练的动作是什么。我们不可能把所有的肌肉都看为最重要、最需要尽快提高的。

训练优先性决定了训练计划的具体结构。你需要明白如果有些肌肉在第一时间得到了锻炼，其余部位将会受到一些影响，因为毕竟训练者在一次训练课时所拥有的体能是有限的。

搏击运动员需要根据肌肉与搏击运动的关系建立一份训练表格，将搏击所需的肌肉按重要性由低到高进行排列。例如，对于拳击运动员，肩部、手臂以及腹部是最重要的训练部位。

对于自由搏击运动员，腿部肌群的训练要优于背部肌群……

上半身的训练要优于腿部训练，因为上半身相对更容易进步，而腿部则不然。

如果你的身体有一个薄弱点（如腹部肌群水平较差），你可以使用腹部训练作为一次训练课的热身前奏。相反，对于你的身体强点或者对你所习惯的搏击类型帮助不大的部位，则要安排到每次训练课的最后再进行训练。高强度或者低强度的训练，由你自己的体能与训练时间的多少决定。

♦ 3. 训练适应性

需要注意，训练优先性不是永远不变的，它会随着你的训练水平的进步而发生转变。我们进步越多，就越需要对于训练计划进行调整，让它适应当下的自己。例如，与一个高水平的搏击运动员进行对比，初级搏击运动员每一次出拳时的力量来源（filimonov，1983）：

→ 初级运动员38%前臂力量/高水平运动员25%前臂力量；

→ 初级运动员45%旋转上半身力量/高水平运动员37%旋转上半身力量；

→ 初级运动员17%股二头肌力量/高水平运动员38%股二头肌力量。

对于初级运动员，如果想增加力量，没有必要像高水平运动员那样过多训练腿部。与其在腿部训练上浪费时间，不如更多关注你感兴趣的手臂以及旋转上半身的肌肉训练。

身体的基础条件决定了搏击运动员的类型，而非后者决定前者。

随着搏击运动员水平的提升，出拳时的力量会更多来源于腿部。不同的肌肉训练比重会随着运动员水平的提高而改变，相应的训练计划也需要做出调整。

❻ 确定训练动作组数

定义：

> 所谓训练动作组数，即一个训练动作内，训练者总共完成的组数。

每个动作所完成的组数多少是影响你进步的重要因素。如果你安排过多的训练组数，会导致过量训练的问题。如果你的训练组数过少，同样不利于肌肉受到理想的刺激，获得快速的进步。

你自身的训练水平决定了具体训练动作组数的安排方法。

★ 初级训练者：一个动作不要超过3组。

★ 进行一个月训练后：一个动作不要超过4组。

★ 进行两个月训练后：一个动作不要超过5组。

★ 进行三个月训练后：一个动作不要超过6组。

★ 超过三个月训练：你可以根据自身的需求以及身体恢复能力，来决定相应训练动作的组数。

⚠ 注意！

> 确定训练组数不是单纯地进行数字游戏，而是要通过对于组数、强度的调节来让你的训练效果更优化。比如，你现在可以轻松完成既定的训练组数，显然这种训练强度、训练安排早已不适应你现如今的训练水平。提高训练组数，增加训练强度是接下来保持肌肉持续发展的最佳手段。你要根据训练课的反馈来及时调整训练强度，增加或减少训练组数，确保肌肉训练效果的最优化。

> 注：在每次肌肉训练课开始前，一定要进行一些热身组训练。它们相比正式组训练强度较低，不被计入到总的肌肉训练组数中。

如何调节你的训练强度？

训练组数是调节训练强度的第一个变量。随着训练水平的提高，在你认为身体已经充分备好时，便可以在这个或那个动作上增加一些训练组数。

最理想的方法是让你的肌肉告诉你什么时候该增加训练强度。比如，你在进行完所有训练时，感觉到身体依旧充满能量，在下次训练课时你自然要提高训练组数。相反，如果你在进行完一组训练后就感觉力量大量流失，为了避免过量训练，你自然需要相应的减少训练组数，并在下一次训练时做好心理准备。

同样，因为训练课的强度变化，所以每两次训练课间的休息时间也是存在变数的。比如，在最近的一次训练课中，你提高了训练负荷或者增加了训练组数，身体所需要的恢复时间自然要比往常多一些。这也是为何往往在一次强度较高的训练课后，会跟随一次强度相对较低的训练课的原因，毕竟想让神经系统与身体在短时间内适应巨大的强度变化并非易事。训练者一定要在这两次训练课间安插至少一天的休息时间，给予身体充分休息。

❼ 确定训练总组数

你的训练水平、训练时间的自由性以及你的训练目标，共同决定了在一次训练课期间你将要完成的训练总组数。

◆ 对于肌肉训练

★ 初级训练者：不要超过10组训练。

★ 进行一个月训练后：不要超过12组训练。

★ 进行两个月训练后：不要超过15组训练。

★ 进行三个月训练后：不要超过20组训练。

◆ 对于搏击训练

★ 初级训练者：不要超过12组训练。

★ 进行一个月训练后：不要超过15组训练。

★ 进行两个月训练后：不要超过20组训练。

★ 进行三个月训练后：不要超过25组训练。

❽ 确定动作翻新时间

随着你的肌肉水平越来越高，相应的训练动作也需要进行改良。特别是对于初级训练者，他们很容易进步，训练水平往往一周一个档次的提高。但我们并不建议初级训练者过频繁的翻新训练动作，这会拉长你的学习期并且减缓你的进步速度。在这种情况下，保持已经让你有一定收获的原始训练动作是较为稳妥的方法。

在肌肉训练中必须要经历一个初级阶段（即我们所说的学习期），以便可以充分调动你的力量能力。正因如此，当你训练水平较低的时候，往往进步速度是极快的；因为你的起点太低，与体内蕴藏的力量潜力相距甚远。

对于初级训练者，习惯不同的肌肉训练动作，合理调配自己的力量是很困难的。拿腹肌训练来讲，对于初级训练者最好的强化肌肉的方法是之前这个动作你要重复10次训练，在标准姿势下，你今天要尽量完成至少11次训练，这样可以快速强化你的姿势与技术。

如果你在没有熟悉好一个训练动作时就过于频繁地更换新的训练动作，这对于强化你的训练姿势与技术显然是不利的。你的所有时间全部被浪费在了学习新的动作上，这对于增长力量的帮助是几乎为零的。在这段学习期内如果你过于频繁地更换训练动作，毫无疑问是在虚度光阴。

❾ 确定每组训练次数

> **定义：**
>
> 所谓每组训练次数，即训练者在一个规定训练动作内，一组（见第17页定义）所重复完成的个数。在肌肉训练中，每组训练次数并非简单的训练个数，它包含以下三种类型：
>
> → 主动发力类型：利用肌肉力量举起负荷。
>
> → 静力保持类型：通过让身体保持一个姿势，固定不变地收缩肌肉的训练方法，这时你以每组完成的时间长短来定义每组训练次数。
>
> → 被动发力类型：通过延长负重下降时间所完成的训练方法。

每组训练次数不具有强大的魔法，不可能存在一种模式适用于所有训练成绩的提高。随着训练次数的提高，训练强度也在相应增加。训练次数是让你肌肉发展的必要手段之一，你需要了解清楚不同的训练目标所对应不同的每组训练次数是什么？

★ 目标一：增加肌肉围度与体重

对于增加肌肉，最理想的方法是一组训练8～12次。但是，如果你在完成第12次训练后依然有力量完成第13次训练，不要犹豫，努力完成它！当然，在下一组训练时你就需要相应增加训练负荷。

★ 目标二：提高力量

如果你的目标是提高力量，一组完成3～6次重复训练是最佳方案。

★ 目标三：获得爆发力

在一个训练动作内安排每组8～10次重复训练，可以让你的爆发力获得提高。

如果你的训练完成速度较慢，这时应当停止进行爆发力训练。

★ 目标四：强化静力水平

在静力训练时，每组应当训练3～6次。

一个部位接一个部位的训练，使用这种方法可以带给孤立训练最好的效果。

★ 目标五：心肺功能或减小体重

为了耐力的提高，你需要每组进行至少15～20次的重复训练。

❿ 确定训练完成速度

◆ 肌肉训练习惯

为了更好地学习肌肉收缩的技巧，训练者在刚开始训练时适宜采用较慢的速度完成训练动作。有很多训练者在刚接触训练时喜欢迅猛地发力以保持身体平衡，或者用拱起背部的方法来增加自己的训练负荷，这些都是十分糟糕的，一旦养成习惯日后再想改掉就十分困难了。轻则影响你的训练速度，重则将会导致伤病的出现！毫无疑问，你要放慢动作完成速度而非加快动作完成速度。

在进行大重量训练时，训练者一定要注意利用肌肉力量而非采用过猛的发力方式将重量举起：

→ 在抗阻阶段用1～2秒完成；

→ 在放松阶段用1～2秒完成。

一次重复训练需要总共消耗2～4秒，如果你使用较快的速度完成训练，即使你的负荷很重，也并非是在利用肌肉的力量进行训练。

◆ **演变**

在进行进阶训练前，你必须先充分掌握基础的训练技术。当你拥有了对肌肉的调配能力后，搏击运动员可以加快动作完成速度，以获取足够强的爆发力。

爆发力并不意味着偷懒或作弊。在爆发力训练与偷懒之间有一条划分极为清晰的界限，即在进行爆发力训练前，你必须掌握足够的调配肌肉的能力。

在搏击运动中，运动员缓慢释放自身力量的现象是十分罕见地，他们往往会争取尽可能快速地力量释放。这也是为什么要安排爆发力训练的原因，根据搏击运动的需求，安排不同的爆发力训练动作是非常有帮助的。

在经历了几周基础的调配肌肉能力训练以后，具体训练的完成速度就要根据不同的训练目标进行相应的调整。

★ **目标一：增加肌肉围度与体重**

训练者一定要注意利用肌肉力量而非过猛的发力方式将重量举起：

→ 抗阻阶段用2秒完成；

→ 放松阶段用2秒完成。

一次重复训练需要总共4秒钟的时间，如果你完成动作速度过快，并非是肌肉在工作，而是身体的惯性在支持你训练。

★ **目标二：提高力量**

此时训练完成速度要稍微加快：

→ 抗阻阶段用1～2秒完成（避免扭曲身体）；

→ 放松阶段用1～2秒完成；

→ 在进行重复训练时，你可以短暂休息5～10秒钟，以确保身体力量的充分恢复（组内休息法，见第37页）。一次重复训练需要总共2～4秒钟的时间（没有计算重复训练时的休息时间）。

★ **目标三：获得爆发力**

训练完成速度继续增加，以便获得优秀的运动能力：

→ 抗阻阶段用1秒完成；

→ 放松阶段用1秒完成；

→ 在进行重复训练时，你可以短暂休息3～5秒钟，以确保身体力量的充分恢复。

一次重复训练需要总共2秒钟的时间（没有计算重复训练时的休息时间）。

★ **目标四：强化静力水平**

因为静态发力的缘故，训练者需要进行力竭训练：

→ 在主动发力训练中，训练者要快速完成抗阻，并缓慢执行动作放松阶段；

→ 在制动发力训练中，训练者要缓慢执行动作放松阶段。

训练目标在于每次保持至少30秒的肌肉收缩。当你感到难度较低时，可以增加相应的训练强度。

★ **目标五：强化心肺功能或减小体重**

为了增加训练重复次数，你可以稍微利用肌肉的惯性来完成训练动作。让肌肉持续活跃训练：

→ 抗阻阶段用少于1秒的时间完成；

→ 放松阶段用少于1秒的时间完成；

→ 放松后立即进入到抗阻阶段。

一次重复训练的时间不要超过2秒钟，肌肉受到持续收缩刺激，它们不能休息。当肌肉的灼热感难以忍受时，你可以休息几秒让肌肉获得一定的休息。一旦疲劳感消失后，应立即投入到训练中，直到灼热感再次出现时，再休息几秒，如此循环往复。

⑪ 确定训练动作幅度

不同训练动作的幅度受不同的训练目标影响。

★ **目标一：增加肌肉围度与体重**

此时训练动作讲究幅度的完整性，不过同样需避免过度拉伸肌肉所造成的伤害。

随着训练的进行，你可以通过减小动作幅度的方式来增加训练负荷。

★ **目标二：提高力量**

相比目标一训练时，动作幅度要稍微缩小些，特别是在训练开始阶段（肌肉受到拉伸）。

当训练负荷提高时，训练拉伸的目标肌肉会更容易有受伤风险。

随着训练的进行，你可以继续减小动作幅度以获取额外的重复训练次数。

★ **目标三：获得爆发力**

训练动作幅度要与你的具体技术需求相结合。

注意避免肌肉受到过度拉伸，过度拉伸会诱发伤病的出现。

★ **目标四：强化静力水平**

在这类训练时没有任何动作幅度的概念。肌肉训练的姿势需要尽可能与搏击中锁死对手的技术相仿。

★ **目标五：强化心肺功能或减小体重**

因为此时需要确保肌肉的持续紧张，所以对动作幅度在这里的要求也达到最低值。

⑫ 确定训练课总耗时

最佳的肌肉训练是在尽可能短的时间内完成对于相应肌群最大限度的刺激，我们宁愿选择"轰轰烈烈"的训练方式，也不白白浪费光阴。

每次训练课的总耗时受多种因素决定，其中最为重要的是你每次的训练计划表以及训练时间自由度。如果你本身没有太多自由的训练时间，一次训练课的时间会被压缩的极短，例如，使用循环训练法。此时15～20分钟的训练时间便已足够（见第41页，增长耐力的方法以及第135页循环训练计划）。理想的训练课时间是至少持续30分钟。

一次训练课的总耗时主要受以下两者决定：

→ 训练强度（训练动作数+训练组数）；
→ 休息时间。

其中最后一个方面是决定你这次训练课完成水平高低的最关键因素。

一次增肌或力量训练课应持续45～60分钟。如果你所用时间超过这个理想值，这意味你的训练强度较低。如果你所用时间过短，肌肉可能会存在伤病隐患。

⑬ 确定组间休息时间

每组间的休息时间由几秒钟到2分钟不等，根据不同的训练动作难度以及训练目标所决定：

→ 难度较高的训练动作，例如，深蹲、硬拉需要较多的休息时间；

→ 难度较小的训练动作，例如，颈部或腹部的训练休息时间则较少；
→ 大重量训练时要增加休息时间；
→ 轻重量训练时要减少休息时间。

确定休息足够，可以重新开始下一组训练的方法：
→ 呼吸差不多恢复正常；
→ 训练热情逐渐掩盖身体疲劳。

我们建议训练者在每组训练结束后，立即打开秒表进行计时。它可以帮助你很好地执行训练计划，提醒你接下来该做什么，不至于让训练时间被过分延长。

⚠️ **注意!**

如果你的力量并没有在组间休息时获得足够的恢复，与以下两种情况密不可分：
→ 你已经进行了太多组的训练；
→ 你的组间休息时间过短。

如果你是处于最后一种情况，适当的延长组间休息时间可以很好地解决这个问题。如果你并非因休息时间过短所导致力量恢复速度较慢，就只有一种可能：你已经进行了太多组的训练。

你的训练目标会让组间休息时间更加细化。

★ **目标一：增加肌肉围度和体重**

过度缩短组间休息时间是毫无意义的，相反在这里你需要给肌肉足够多的时间去重建。在进行大重量训练后不给予身体足够的休息时间是会对训练起反作用的。

但是，这也不等同于在每次组间休息的时候你都能获得短暂的"睡眠"，这同样不是我们所希望看到的。

理想的组间休息时间是在45～60秒之间。

但是，即使训练强度过高，也不要让组间休息时间超过2分钟。

★ **目标二：提高力量**

当你的训练重量越大时，你所需要休息的时间也就越多，以避免肌肉力量没有充分恢复所导致的训练失败。正因如此，在提高力量训练时，你需要增加组间休息时间。

理想的组间休息时间是在1～2分钟之间，最多不要超过3分钟。

★ **目标三：获得爆发力**

组间休息时间控制在30秒以内，最多不要超过1分钟。

★ **目标四：强化静力水平**

组间休息时间最多控制在30秒以内

★ **目标五：强化心肺功能与减小体重**

此时休息时间被压缩到最短，一定不能超过30秒钟。训练目标在于重复刺激尚未完全恢复的肌肉。

你可以随着训练的深入而逐渐减少组间休息时间，同时保持（或提高）训练重复次数。例如，如果你的组间休息时间是30秒，试着在完成同样训练量的前提下，将组间休息时间缩短到25秒。如果在这样训练多组后你感到身体的不适，重新将组间休息时间延长至30秒。在下一次训练课时，尽可能在25秒的组间休息模式下完成更多的训练组。

当你的身体对训练完全适应后，最理想的训练方法是采用循环训练法，在不同动作间不安排休息时间，循环训练。唯一的短暂间歇是在结束一个动作，准备进入下一个动作这个极小的空隙内。随着训练的深入，循环训练法会变的越来越难以完成，适当的在动作间留出10秒钟的休息时间，可以帮助你更好地完成训练要求。

⑭ 确定训练理想负荷

每组训练的次数，即训练强度（或训练负荷）是决定训练计划是否有效的重要因素。如果你想获取一定的身体素质水平，选择适当的训练负荷是非常重要的。

在训练初期，如何选择适合自己的训练强度是非常困难的。因为有些训练动作看似非常简单，而有些训练动作则显得十分困难。你会在此犹豫不决，反复摸索，难以做出选择。但这并非是在浪费时间，它会很好地帮助你获取"肌肉感觉"，这恰恰是选择合理训练负荷的关键所在。

为了能够正确的选择训练强度，从轻重量训练开始，逐渐增加训练强度，你可以参考：

三大不同训练负荷的区分：

→ 第一类训练负荷极低，训练者较容易完成。

→ 第二类训练负荷适中，会带给肌肉良好的训练感觉，训练者的训练姿势非常标准。

→ 第三类训练负荷极高，会影响训练者的肌肉感觉，可能导致训练者通过偷懒完成训练。

训练强度的选择是从热身组训练开始的，一个好的热身训练会帮助你更好地调整肌肉的训练强度。

第一个热身组选择第一类训练负荷的中等强度，而第二个热身组则要选择第一类训练负荷的最高强度。随后正式组的训练负荷需要根据你的训练目标而决定。

这里我们给出一组科学研究数据，JIDOVTSEFF（2009），关于负荷大小对于运动能力的增长：

→ 使用30%的极限重量，运动员可以增长他们的速度；

→ 使用30%~50%的极限重量，运动员可以增长他们的速度耐力；

→ 使用50%~70%的极限重量，运动员可以增长他们的爆发力；

→ 使用超过70%的极限重量，运动员可以增长他们的极限力量。

★ 目标一：增长肌肉围度与体重

四分之三的训练组需使用第二类训练负荷的强度，由最低强度到此类训练负荷的最高强度，每组逐渐增加负荷（金字塔训练法，见第35页）。

最后一组的正式训练可以采用第三类训练负荷中的最低值，利用"强度入侵法"，即通过大重量的训练，让训练者的神经系统受到充分刺激。注意，不要过度使用这种方法！

★ 目标二：提高力量

在热身组训练后，你的正式组负荷将从第三类训练负荷中的最低值开始，逐渐增加（金字塔训练法）到此类训练负荷的最高强度。

★ 目标三：获得爆发力

从第二类训练负荷的最低值开始，逐渐增加强度到此类训练负荷的中等强度。

★ **目标四：强化静力水平**

从第三类训练负荷的中等强度开始，逐渐增加到此类训练负荷的最高强度。

★ **目标五：强化心肺功能与减轻体重**

训练负荷介于第一类训练负荷的最高强度与第二类训练负荷的中间强度之间，不需要每组递增训练重量。因为休息时间极短的缘故，所以身体所受到的疲劳感会愈来愈强，没必要再进行金字塔训练法。

> ⚠ **注意！**
>
> 不一定每个训练动作的负荷都是不相同的，一旦确定了一个动作的训练负荷，把它与训练重复次数一起标记在你的训练计划表上。当你进行下一次训练课时，试着利用相应的训练负荷多完成1~2次的重复训练。

⑮ 确定负荷调整时机

每个训练动作所对应的训练负荷是随时波动变化的，当你的力量获得了足够的提高，这意味着身体可以完成更大的训练负荷。但是，你的力量增长速度往往没有想象中那么快，假象的力量增长会让你盲目地选择加大训练负荷。一旦这种情况出现，你肌肉所受到的刺激就会越来越小，训练会变得十分艰难，进而导致训练动力被压榨。

掌握什么时间调整训练负荷，并如何进行调整是非常重要的。

为了方便你判断肌肉训练是否达到了一个新的高度，你可以参照以下两个标准：

★ **1. 每组重复训练次数：**

如果你的训练重复次数超过了预定目标（如在增肌训练时进行每组12次重复训练），你需要问问自己是不是有必要增加训练负荷？

★ **2. 训练负荷完成难易度：**

当你感觉完成既定的训练负荷非常容易的时候，你可以增加一定的训练重量。

从理论上讲，一次性最小的训练负荷增重在1~2千克，过快增长训练负荷是没什么实际意义的，除非你真的可以很轻易地完成每组重复训练次数要求。在这种情况下，你可以根据你的意愿增加训练负荷。

♦ **注意，不要过快增长训练负荷！**

训练强度提高速度越快，你就越容易在训练动作上出现偷懒作弊的现象。一定要谨慎增长训练负荷，否则一旦养成习惯，就必须通过大量的训练才能重新找回肌肉训练感觉。

♦ **热身组训练同样适用**

随着你的力量提高，热身组的训练负荷也要得到相应的增加。当你的训练水平较低时，因为训练要求不高，所以关节、肌肉、韧带不需要过多的热身。随着训练水平的提高，热身训练要求越来越大，如果不提高热身训练组数，会导致你的肌肉受伤风险大大增加。

16 确定动作间休息时间长短

在每两个动作间利用与组间相同的休息时间进行呼吸调整，如果依旧感觉到身体疲惫不堪，特别是在每次训练课临近结束前，可以适当延长休息时间。但是，一定要尽快投入训练，确保训练的延续性以及身体的热度，避免一堂训练课被无限制延长。

在循环训练方法中，每个训练动作间没有任何休息时间。在两次循环训练间，安排尽可能少的休息时间，甚至是不休息。在完成多个循环训练后，疲劳感会逐渐显现。此时可以休息15～30秒，让力量重新恢复，精神集中，再多完成1～2个循环训练。

17 确定合适训练动作

在这里我们将介绍最适合搏击运动员的肌肉训练动作。因为每个人体态的不同，或高或矮，或胖或瘦，手长或腿长，所以并非全部的训练动作都是有效的。

每个搏击运动员特定的体态都需要对应一种特定的训练方法。不存在所有搏击运动员的体态适用于所有的训练动作这一现象。有的训练动作对于你很有帮助，而其余的则毫无用处。个体体态解剖理论是德拉威尔肌肉训练法的基础。

♦ 差异所导致的困难

杠铃有多种不同的类型，有些运动员会比别人更习惯这些杠铃。

例如，一个臂长较短的搏击手会在卧推

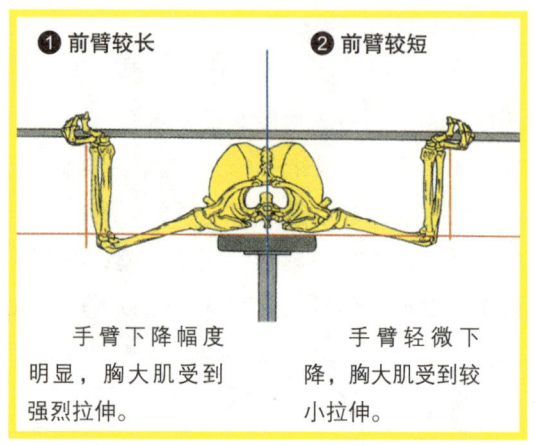

❶ 前臂较长　　❷ 前臂较短

手臂下降幅度明显，胸大肌受到强烈拉伸。　　手臂轻微下降，胸大肌受到较小拉伸。

训练中更具有优势，因为他们所需要完成的训练幅度相比常人更小。但是，一个臂长较长的搏击手则会遇到困难，因为他们所需要完成的训练幅度相比常人更大。在同等体重的情况下，他们的做功距离相比别人更长。

♦ 差异所导致的危险

根据体态的不同，相应训练动作会导致危险系数的增加或减小。例如，在深蹲训练中，腿长的搏击运动员会比腿短的搏击运动员身体更向前倾。这与错误的训练动作姿势没关系，而是由每个人不同体态所决定的！对于腿短的搏击运动员，保持背部正直相对要更加容易。腿部越长，在训练的时候就会越向前倾斜自己的身体以保持平衡。不幸的是，你的身体越向前倾斜，背部受伤的风险也就越高。

体态的问题需要在选择训练动作时被考虑在内，我们将会在后面进行具体的介绍。

选择合适的训练动作主要有以下三种方法：

★ 1. 排除法：

部分训练动作并不适合你的体态特点，你需要将它排除在训练计划外。部分训练动作

不同身材的人在深蹲时上半身位置情况

❶ **四肢修长型**：腿部较长，上半身较短且前倾明显，容易出现错误训练姿势。

❷ **四肢短小型**（身材短小）：腿部较短，上半身较长且前倾不明显，不容易出现错误训练姿势。

不适合你的搏击运动特点，同样不能作为训练的核心。这两方面可以帮助你简化选择范围。但是，仅仅使用排除法并不能很好地确定最适合你的训练动作有哪些。

★ **2. 挑选法：**

为了确定你的训练动作与身体状况相匹配，唯一的方法就是亲自尝试一下该训练动作。

★ **3. 需求法：**

为了让你的训练计划更加完善，你需要根据自身的搏击特点选择合适的训练动作。

♦ **了解两大不同训练类型**

总共有两种不同的训练类型，它们各有千秋。采用其中一种训练类型进行训练，在对动作的选择上相比单纯的按照自身需求进行训练更有帮助。

★ **复合训练：**

需要同时调动多关节参与运动的训练类型，例如，深蹲（或腿弯举）调动髋关节、膝关节以及踝关节。

★ **孤立训练：**

只调动单一关节参与运动的训练类型，例如，肱二头肌弯举（或前臂弯举）只调动肘关节参与发力。

⚠ 注意肌肉的孤立训练！

传统的健美训练更关注单一肌群的提高，而非整体肌肉的发展。对于搏击运动员，一定要避免走入这种孤立训练的坏习惯，因为：

→ 所有的肌肉都共同处于紧张中，不可能有其中一个肌群紧张其余肌群放松的现象。

→ 训练动作复合性越高，力量的提高也就越明显。特别是在我们还没有开始习惯全身整体性训练时。

科学研究表明，当进行手臂肌肉收缩训练时，腿部力量会相比单纯进行腿部孤立训练时减小40%（Takebayashia，2009）。这种力量的流失现象在孤立训练中表现的特别明显。只有复合训练才可以将流走的力量重新找回来。

总结：搏击训练计划需要由复合训练动作构成，它可以确保最多的肌群在最短的时间内受到足够强度的刺激。孤立训练动作可以穿插在复合训练动作间进行，以便提高你局部薄弱的能力（如颈部、前臂、腹部……）。

复合训练动作相比孤立训练动作更加具有效率，因为对于搏击运动，肌肉是协同发力的，而非单一肌群在孤立做功。如果我们将相应的动作用复合训练以及孤立训练的方式重复训练，毫无疑问是在浪费时间。比如，我们不采用卧推的方法，而是利用孤立训练胸部肌群+肩部肌群+肱三头肌肌群的方法，这样显然是不合理的。

⑱ 确定训练计划翻新时间

部分运动员会一直重复同样的训练计划。这点很好理解，一旦我们觉得这个计划是适合自己的，为什么要去改变它呢？另外，一部分训练者却喜欢经常调整自己的训练计划。对于这两类训练者，没有哪种方法是绝对的正确或错误，如何选择主要根据自身训练水平与运动需求所决定。

调整训练计划的两个客观标准：

★ **力量水平停滞不前或下降：**

如果你的进步速度突然减缓，意味着在训练计划中有些东西已经不再合适。出现这种情况的原因并非是单纯一个或两个动作所致，而是与至少一个星期的训练安排有关。在这种情况下，彻底改变训练内容是非常必要的。

★ **疲劳：**

如果我们失去了对于肌肉训练的欲望，这意味着训练计划本身过于单调乏味。这个时候你必须要加入一些新的元素！

♦ **总结：**

调整训练计划没有具体的周期性标准，如果你的训练计划持续有效，那么为何要调整呢？等到你真正面对需要改变的时候再进行相应的调整。

⑲ 确定每日训练时间

个人的训练时间偏好各有不同，有些训练者喜欢选择在早上对肌肉进行轰炸式训练，有些训练者则比较偏爱在下午或晚上对肌肉进行打磨，因为他们觉得那时候自身身体状态最佳，更有利于运动能力的改善。事实上，具体到每日训练时间的选择，主要受每个训练者自身神经系统的波动影响。比如，你每天早上都感觉精力充沛，一到了下午就感觉有点力不从心，显然你应该将训练时间放在早上。人体的神经系统是有波动性的，你不可能在一天中都保持神经系统、身体状态都处于高度活跃发达之中。

最理想的每日训练时间选择应根据你的肌肉活跃性来做出判断，对于大多数人，每日在18～19点这个范围内是较为理想的训练时间。因为这个时候训练者所受到的主客观环境影响较小，自身可支配时间较多，故是比较优选的训练时间点。

⚠ **注意！**

你一定要注意避免每日训练时间的波动性，一旦确定就不要再去改变，哪怕是因为身体、神经系统发生波动不在最佳状态时，也不要轻易调整训练时间。你的肌肉是有记忆性的，它会熟悉你的训练习惯，默认这个时间是提高肌肉力量的最佳时间。

⒇ 确定协调肌肉与搏击训练的方法

如何将肌肉训练计划与搏击训练很好地结合在一起，是提高搏击水平的关键点。

特别是对于初级训练者，他们会在搏击训练中使用超负荷的训练重量，这会影响他们所需要的身体恢复时间，并且容易引发伤病，在第一时间就给身体带去强大的疲劳感。

具体协调肌肉与搏击训练的方法主要有以下四种：

★ **肌肉训练安排在搏击训练前：**

我们不建议这样做，因为肌肉的疲劳会降低你对于搏击技术的学习能力。

★ **肌肉训练安排在搏击训练后：**

即使在这个时候你的身体相对较衰弱，但是在训练安排上则要轻松灵活得多。

★ **早上进行肌肉训练，下午进行搏击训练（反之亦然）：**

采用这种方法可以让你的疲劳感得到一定的缓解，但却有可能导致过量训练的出现。

★ **肌肉训练日与搏击训练日单独进行：**

如果你有充足的时间，并且不需要每天进行搏击训练的话，这种孤立的安排方式是最为理想的。

这四种安排方式有着各自的优点，同时也存在着一定的弊端。在具体的选择上并没有一种广泛认可的完美方法，除了需要与你的训练时间表相符，还要考虑到它所带来的优点是否是你所急需的。

训练周期的作用

肌肉训练计划的周期受搏击运动员的比赛时间决定。你需要在比赛前的一段时间内，通过系统的训练让自己的身体素质得到提高。因为对于搏击运动员而言，比赛不是充斥着全年的，所以他只需要让自己的身体素质在比赛的时候调整到最好即可。在剩余的时间内（即休赛期）适合进行提高身体素质的基础训练或肌肉神经的恢复。

在休赛期内你可以就下面三种策略做出选择：

→ 减小训练量以便让身体充分恢复；

→ 在备赛阶段使用较小训练负荷，以便让肌肉力量充分作用到搏击能力的提高上来；

→ 不要给训练计划以周期，试着在休赛期获得与竞赛期同样的体能进步。

但这样会有打乱身体恢复的危险。

如何在这三种策略间进行选择，主要由个人的身体恢复能力、训练目标以及身体状况（如关节、韧带与肌肉）所决定。

如果你选择进行周期性训练，可以有以下三种不同方法：

◆ **整体训练周期**

你的训练计划是有周期性休息的，一般一年可以休息1~4次。例如，你可以在三个月持续的肌肉训练后，进行1~2个星期的休息。

★ 优点：

肌肉，特别是关节可以获得恢复。在心理上，它可以帮助你减轻压力并且重新获得训练激情。

★ 缺点：

由每周的休息一次变为了每个月或每年休息一次。有部分训练者在休息结束后往往很难找回自己曾经的训练水平。越长的休息时间越不利于训练状态的找回，并且在休息期内一定要特别注意饮食问题，避免出现肥胖现象。

♦ 局部训练周期

与其整体的进行休息，为何不在局部肌肉的训练间隙进行身体的调整呢？例如，你进行了一个月系统的腿部训练，但是上肢训练量则较轻，这可以帮助你的肩膀以及颈部获得恢复。在下一个月的训练中，你可以增加上肢的训练量，减小腿部的训练量。

★ 优点：

相比整体训练周期，局部训练周期可以让身体更具针对性地进行恢复，你不必担心需要重新找回丢失的训练水平，更不必担忧脂肪会在休息时加速堆积。此时不会出现过度休息，浪费时间的现象。

★ 缺点：

这样一来你的神经层面就缺少了足够的休息与恢复。这种方法更适合处于伤病恢复期的训练者，如果你的膝盖有伤，相应的腿部肌肉训练就要减轻或停止，上肢训练量就要相应增加。

♦ 无训练周期

这种方法是采用最广泛的一种，既然我们没有过量训练的现象，为何要停止训练让身体休息呢？唯一需要注意的是在备赛期时需要做出相应的改变。

★ 优点：

如果你的训练计划分配和执行的合理，即使在休息时你的身体素质也会获得持续进步的。

★ 缺点：

关节会缺少休息时间，一旦你的关节出现伤病则为时已晚。

♦ 总结：

如何选择休息方式，主要跟你的身体恢复能力密切相关。周期性训练方法的不足之处主要在于它对身体的预判是建立在过去的训练数据基础之上的，未来未知的事情同样会影响你的预判。

我们对于周期性训练的观点非常简单：如果你的身体感觉良好，索性进行彻底训练，如果感到训练动作困难较大，不如将它彻底抛弃。

提高力量与爆发力的窍门

提高力量与爆发力的窍门有许多，然而并非每个都适合搏击运动员，有些甚至对于搏击水平的提高起反作用。在这里我们将只选择那些对于提高搏击水平最有效率的力量训练动作。

搏击力量训练的八大核心问题

肌肉训练中存在一个转移现象，即将健身房训练时增长的力量应用到具体的搏击运动表现中。对于初级训练者，转移力量是很简单的。对于水平越高的运动员，转移自身力量的能力也就越困难。

为了确保力量可以理想的转移，肌肉训练需要尽可能符合具体搏击技术的要求。正是因为这个原因，你需要严格遵守以下八大搏击力量训练的核心问题。

❶ 搏击环境

你需要知道许多肌肉训练动作是不符合搏击运动要求的，例如，宽握卧推训练，虽然这个训练动作可以弥补初级训练者的力量缺失，但是它对于进阶级训练者便不再合适了。因为，在搏击技术中，罕有肩胛骨固定在训练椅（或地面）上的出拳动作。为了提高你的搏击水平，你需要让你站起来进行肌肉训练，这样的肌肉训练方法并且没有任何对肩胛骨的辅助支撑，只有这样才更有利于力量的转移。

❷ 动作方向

例如，初级训练者喜欢进行宽握卧推训练，然而这种宽握的健美训练法是许多搏击运动员常犯的错误。"宽握"在搏击运动中会显得毫无意义，因为罕有向外侧击打发力的情况。你需要让你的握距与击打时的距离相适应，即使用窄握卧推。

❸ 力量方向

当你做出击打动作时，需要抵抗水平方向的阻力去释放力量。使用哑铃进行负重冲拳是毫无意义的，因为哑铃所带来的阻力是垂直方向的。将弹力带固定在器械上，与地面平行，进行弹力带负重冲拳是更为合理的训练方法。

❹ 单侧搏击

我们再次以卧推训练为例，它是同时需要双臂发力的训练动作，而对于搏击运动员，几乎没有同时做出双拳击打的现象，因此使用单侧卧推显然更加合适。但是，当你将对手摔向地面时，你却需要同时使用双手臂的力量，这时使用硬拉训练会是非常不错的选择。锁住对手时，你使用的是双腿同时发力所释放的力量。具体的训练动作选择需要根据动作的倾向性来做出判断。

❺ 动作幅度

肌肉训练动作的幅度需要与搏击动作相仿。使用全程幅度是无意义的，半程幅度反而会给你的力量带来增长，但这并非是绝大多数的训练动作。

❻ 训练节奏

传统的肌肉训练动作习惯于举起-放下这样的节奏，这种连贯的收缩类型有利于田径运动的提高。但是，在搏击运动中，动作的连贯性却变得没有那么明确，每两次出拳间经常会有几秒的停留，这种随机性的训练节奏是你需要熟悉的。

❼ 训练速度

训练动作完成的快慢需要与相应的搏击技术相匹配：出拳时要使用爆发力，抱摔、翻转对手时要加大力量释放；锁、勒、抵挡（几乎没有动作）时要依靠静态力量的发挥……

所以，不同的训练动作需要使用不同的速度。

❽ 搏击所需的力量类型

力量包含的范畴极广，我们在这里对搏击所需要的基础训练动作进行分析，确定哪些力量类型是需要优先发展的。

搏击运动员需要提高以下五大力量水平：

搏击所需的五大力量类型分析

❶ 极限力量

搏击运动员必须拥有足够的极限力量以确保对对手的遏制，特别是当你的技术能力不佳时，极限力量就凸显得更为重要。持续给予对手强大的压迫感显然比被对手遏制要好得多。

此时，你的力量训练将使用最大负荷以满足搏击训练需要。

❷ 启动力量

为了做出有力的击打或者快速躲开对手的攻击，你需要让你的肌肉群具备一定的速度能力。而这个躲闪或者击打的速度则是通过肌肉的力量进行传播的，是由肌肉的一种特殊能力工作所产生的（见下一页方框内内容，爆发力）。

理解什么是爆发力

你的击打威力由RFD所释放（即爆发力或者肌肉力量所释放的速度）。具备优秀的爆发力水平会让你的肌肉力量更快速地释放。

为了更好地理解爆发力的概念，想象你需要将一个小球掷的足够远，难点并不是在它的重量上，因为它实在是很轻。最困难的是如何将肌肉所释放的力量最快速地转移到小球上。在手臂伸直到将小球掷出的这个过程中，留给投掷者的时间是很短的。你之所以投掷距离不够远，并不是因为你的力量水平不足，而是因为你传递力量的速度太慢了，以至于手臂无法对小球释放足够应有的力量。

这类训练者如果使用重球的话，投掷表现反而会得到很大改善。因为随着球重量的提高，由手臂伸直到将球掷出这个过程也越长，留给这些训练者肌肉力量传播的时间也就越多。

这点体现在击打中是同样的道理，例如，在拳击运动中，一次猛烈的出拳所需时间在50～250毫秒。而肌肉本身则需要600～800毫秒的时间才可以释放极限力量。普通人在50毫秒内只能调动15%的肌肉力量，而竞技运动员则可以调动26%的肌肉力量（TILLIN，2010）。这种差距直接表现在竞技运动员传递力量的速度是普通人的近两倍。一旦手臂出现移动，那么留给你传递力量到击打动作上的时间就变得非常少了。你只有250毫秒的时间去做出一次优秀的击打。竞技运动员之所以击打力量比常人高，与其爆发力水平更好密不可分。爆发力虽与神经系统的能力密不可分（受遗传），但后天的训练更是非常重要的，特别是肌肉力量训练。

如果你只能将15%的力量转移到一次击打动作上，最理想的提高方法就是增加你的极限力量水平。比如，力量水平由50千克提高到100千克，即使你的爆发力水平依旧不高，但你的击打力量却相比以前整整提高了一倍。

当然，最理想的情况是爆发力与极限力量都获得了相应的增长。

对于初级训练者，14周的大重量肌肉力量训练，每组完成3～10次，可以提高爆发力：

→ 收缩阶段提高23%，时间缩短到50毫秒内；

→ 释放阶段提高17%，时间缩短到100～200毫秒。

极限力量增长16%（Agaard，2002）。

此外，还有一些强化性的技术训练相比单纯增加训练负荷可以更好地提高爆发力水平，我们将在后面进行介绍（第39页，静力训练）。

❸ 静力

为了锁、抑制或扼住对手,你的肌肉需要在静力状态下具备足够的强壮和耐力。

❹ 弹力

弹力即训练者身体的弹力(腿部的跳跃或手臂、腿部后移后所释放的力量)。除去腿部的跳跃以外,随着你水平的提高,这个力量类型将变得越不重要。因为当你在做出击打前越充分后移手臂或腿部,你的对手会越有机会趁机接近你。

❺ 力量耐力

你不能只在1分钟内保持强壮,你需要在每个回合内都保留最大的力量,而支持你做到这些的正是力量耐力(见第41页~43页)。

◆ 总结:

你需要根据自己的搏击技术来评析这五大力量类型的使用比例。你的训练计划需要根据不同类型的力量使用比例进行调整。接下来我们要介绍如何让你的力量提高更具效率的强化训练方法。

让击打更具效率的秘密

为了让你更具效率,一次充分的击打需要做好以下三个阶段:

★ 1. **快速收缩肌肉**,尽可能急促猛烈地发动进攻。

★ 2. **肌肉放松**,为了使手臂或腿部可以争取足够的速度,并且击打幅度不受到任何肌肉羁绊(肱二头肌与背部会影响出拳速度,股二头肌则会减慢出腿速度),你需要让相关肌肉放松。

★ 3. **肌肉再次收缩**,在即将击打时进行肌肉的再次收缩,以便产生临界力量,造成更具毁灭性的打击效果。

不要局限大重量训练

对于肌肉训练,要想通过一种方法做到强化以上三个阶段是非常困难的。为了不限制力量的转移,你应当通过多种强化训练互相组合的方法,而不是仅仅局限于使用大重量的训练负荷。即使使用大重量可以增加你的击打力量,但这也并非最完美的策略。

因为缺少对于第二阶段的训练,大重量的训练会影响搏击运动员对于击打技巧的学习。

这种片面的现象解释了为什么科学研究表明,大重量的训练计划在持续12~18周后,会减缓搏击运动员击打速度的原因(Siff,1999)如果你想持续进步的话,不要只纠结于大重量训练这样一种方法。

如何让搏击训练更具效率？

只有将多种强化训练方法组合在一起才可以确保三个阶段的持续进步，让你的击打更具效率。

★ 1. **大重量训练**，增加力量，让开始击打达到真正造成打击这个过程变得更具效率。

★ 2. **使用弹力带训练**，可以增加力量传递速度。

★ 3. **使用中等重量进行爆发力训练**，可以增加肌肉放松的速度。

最理想的方式是以快速击打某样物体作为主要的训练方法，因为当你单纯使用负重或快速击打进行爆发力训练时，只有你自身的对抗肌在对出拳或出腿起着抵抗作用，这对于强化搏击运动员肌肉的再次收缩能力是具有反作用的。

为了减少神经系统对于击打的不利影响，你可以安排以猛烈击打沙袋为主的训练计划。

使用不完全金字塔法提高力量

肌肉训练需要采用不完全金字塔的训练方法。从低重量、高次数的方法开始（见第25页），以便让肌肉、关节与心血管系统热身充分。在第二组训练提高负荷重量，将次数降低为15次。这样两组的热身训练可以给肌肉训练提供一个很好的预备环境。

下面便是十分重要的内容：根据你的训练目标，提高训练强度并且完成尽可能多的动作重复次数。随着训练的进行，谨慎的增加训练强度并且减少动作重复次数。一直到所使用的负荷无法满足训练目标所规定的最低动作重复次数时，进入到下一个训练动作。

在健美训练方面，训练者往往喜欢在最后一组训练时将重量降低到可以重复15~20次的重量，以确保肌肉的充分充血。然而，充血现象对于搏击运动是十分悲惨的，使用不完全金字塔（只不断提高训练负荷）比完全金字塔（不仅提高训练负荷还会减小训练负荷）对于搏击力量提高要好得多。

肌肉力量训练时该如何呼吸？

呼吸会影响你的运动表现：
→ 抑制呼吸可以确保力量的最大化释放；
→ 呼气会轻微降低力量水平；
→ 吸气会让肌肉强烈衰弱。

这些身体的本能反应完全在腕力运动中展现出来。

腕力冠军在比赛中会等待对手吸气，然后释放最大的力量将其攻克。换句话讲，他们在对手吸气导致肌肉变弱时，会暂时抑制自己的呼吸以释放最大的力量。

抑制呼吸是一种非常自然的反应。力量、反应、技术的细化以及注意力会在此期间得到显著提高。

抑制呼吸的另外一个优点在于它可以使腰椎僵化，在腰部受到严重压力时保护腰部健康。

大重量训练时的呼吸方法

随着训练重量的提高，你对于呼吸的抑制会更加明显，以便获得理想的运动表现。最理想的方法就是急促地扼制呼吸，当然，需要注意这种方法使用的正确时机，并且只有作用在高难度训练上才可以达到最佳效果。例如，当你进行肱二头肌训练时，在双手向肩膀举起这个过程中，当前臂上升到与地面平行时难度达到最大值；在此前后的训练难度都较低。全程都扼制呼吸是会起到反作用的，你只需在前臂上屈到与地面平行时进行短暂的抑制呼吸即可。相反，这里要特别注意，避免在前臂上屈到与地面平行时吸气。理想的吸气时机，是在每完成一次动作后或者在较轻松的阶段（下降负荷时）。

咬紧牙关以获取力量增长

你所有的肌肉是协调发力而非分开孤立工作的。因此，当一个训练动作难度较大时，你的全身都会变得非常紧张。科学研究表明，咬紧牙关可以让你的力量提高约5%。这与我们在击打过程中用力握拳是一个道理。

对于这种现象的解释是神经系统的高度紧张（见jendrassik相关著作）。这点在腿部训练中体现的十分明显，可以提高最多约19%的力量传递速度（ebben，2008）。作用在手臂方面则是提高15%（ebben，2008）。

让肌肉训练满足搏击需求

为了让肌肉训练的成果更好地体现在搏击运动上，你需要让肌肉训练的内容满足搏击运动的需求，而不是让搏击运动去适应你的肌肉训练。与肌肉训练相比，搏击运动有许多不同点：

→ 搏击的运动节奏让人难以捉摸，不像肌肉训练那样规律；

→ 每次击打间的停顿时间是很随机的，而肌肉训练中每次重复动作间都不能有太长的停顿；

→ 搏击运动员不喜欢肌肉充血以及乳酸堆积，而健美运动员则更喜欢对肌肉的彻底摧毁，让其充分充血。

为了调和这三个不同点，我们可以采取以下两种方法。

❶ 停顿训练法：提高爆发力

停顿训练法即在每次重复动作间停顿1~2秒。例如，当你进行俯卧撑训练时，你可以在推起身体前停顿1秒钟再进行力量的释放。使用这个停顿的目的在于消除当身体进行俯卧撑训练时，在下降过程中身体所积蓄的反弹力。

停顿应当选择在动作的结束而不是动作开始时,以便主动发力(推起重量)而不是被动发力(下降身体)去完成动作的重复训练。因为这与你给予对手的击打是同样的发力方法。

停顿训练法对于搏击运动员的五大帮助:

★ 1. **对于提高启动发力有极大作用**。当你无法借助被动发力过程中积攒的弹力完成训练时,肌肉需要进行极其强烈地收缩。

★ 2. **让几乎处于休息状态的肌肉瞬间发力**。相比之下,让一直处于收缩状态下的肌肉持续发力的现象在搏击运动中十分罕见。

★ 3. **训练综合性**。结合力量与速度的同时提高,确保训练者的爆发力增长。

★ 4. **更合适的训练节奏**。停顿训练法断断续续的训练节奏相比传统的肌肉训练而言,可以减少肌肉的充血程度,避免乳酸的堆积。

★ 5. **训练相似性**。停顿训练法断断续续的特点,相比传统肌肉训练更加适合搏击运动中的一些应对情况,方便运动员更好地进行模仿,提高搏击水平。

❷ 组内休息

由于人体的本能反应,你会尝试着在进行一组训练时,尽快完成每一次的动作重复。然而,这种健美式的组内无休息法并不适合搏击运动员。因为此时血液循环受阻,新陈代谢的一些废弃物,如乳酸会快速堆积,导致你的力量水平出现下降。并且,肌肉还会出现充血现象。如果你像健美运动员一样让肌肉充分充血,你将离搏击运动越来越远。所以我们不能让肌肉养成充血的习惯,在每次重复训练时都短暂休息可以减缓血管收缩,使肌肉的充血程度最小化,血液流通会更加自如,这可以帮助我们避免窒息现象的产生并且尽可能长时间地保持强壮。

这可以帮助你减少II型肌纤维(白肌纤维)向I型肌纤维(红肌纤维)的转化,避免爆发力的流失。

⚠ 注意肌肉力竭!

采取组内休息的原理在于避免像健美运动员那样过度疲劳。为了可以训练更多次,搏击运动员一定要避免力竭现象(肌肉与神经系统的力竭)。

根据CHARLIE FRANCIS的研究指出,老运动员BEN JOHNSON在一次训练课中用尽了自己100%的力气,这导致他需要10天的时间去恢复。如果我们只使用95%的力气,那么48个小时或者两次训练课就足以让我们身体充满能量。

这也解释了为何科学研究指出,对于初级搏击运动员每组力竭训练的低效之所在。这种力竭训练法更适合健美运动员增加肌肉数量,而非提高搏击运动员的力量或爆发力。

组内休息的方法可以帮助你完成更大的重量,并且避免神经系统的持续疲劳。这会让你的训练更加多样化,让身体疲劳程度降到最低。

每次动作重复间休息15秒可以帮助肌肉找回最多80%的原始力量（HAFF，2003）。在同等重量、同等动作重复次数上，采用这种方法相比传统的健美训练法会让你的力量立刻提升30%（denton，2006）。

每两次动作重复间休息15～20秒（组内休息），会让你完成更大的重量并且带来力量的快速增长。

爆发力训练

使用轻重量训练爆发力（极限重量的30%）会带给搏击运动员两方面的提升：

➜ 让你的击打更具效率，因为所选负荷更有利于提高肌肉收缩速度；

➜ 提高肌肉在运动中的张弛能力。

在一次踢腿或出拳击打中，搏击冠军的肌肉张弛速度是一名刚接受搏击训练者的8倍，这也是区分不同搏击水平的关键所在。初级搏击运动员无论是踢腿或出拳的速度都非常慢。因为对抗肌的限制会自动减缓你的动作速率。这种肌肉间的冲突会降低你的击打效率，并且让对手更加容易躲闪。

在爆发力训练中，搏击运动员可以加强肌肉在强烈收缩后的张弛速度。但是，当你只需要进行一次击打、不需要连续出击时，大重量训练会起到很好的效果。

弹力带训练的优点

使用弹力带训练所带来的帮助相比使用哑铃截然不同。你越用力拉伸弹力带，自身所受到的阻力也就越大。但是，如果你使用10千克的哑铃训练，那么无论是动作开始还是训练过程中甚至是动作结束，自身所受到的阻力都是10千克。

弹力带训练可以给你带来以下帮助：

➜ 提高加速度；

➜ 避免对抗肌对击打的影响；

➜ 改善击打力量。

此外，弹力带所带来的阻力方向也是多变的，它可以是水平的、垂直或呈45°夹角的……，弹力带不像传统哑铃与杠铃那样只能带来垂直方向的阻力。对于搏击运动员，双手持哑铃进行模仿拳击动作的训练是非常可笑的，使用弹力带进行模仿拳击动作的训练会更加具有效率的。

对于搏击运动员，使用弹力带进行八周的出拳训练，会让你的击打速度提高17%（Dinn，2007）。

相反，弹力带会影响影响搏击运动员连续击打的能力，这意味着你不能只用弹力带训练，以免混淆在学习期间提高击打技术的根本目的。

♦ **总结：**

让弹力带训练与传统的哑铃或杠铃训练完全对立是十分不明智的。这两者都有各自的优点，不存在其中一个完全优于另一个的现象。最理想的方法是轮流交替使用这两种器械，或将这两者结合起来使用，以便获取各自的最佳效果。在本书的第二章，你将会看到许多使用弹力带或结合弹力带与哑铃、杠铃一起训练的动作。

静力训练

对于经常使用"锁"技术的搏击运动员，静力力量或耐力（又名等长力量）就显得十分重要。肌肉在收缩时其长度不变而只有张力的增加，是力量与耐力的出色结合。如果它在你的训练计划中出现，一定要认真重视起来。

静力力量（或等长力量）具有以下两大不同类型：

★ 1. 攻击型等长力量：

当你需要束缚、抑制或者锁住一个对手时，为了强化进攻效果，你需要让胸肌肌群与肱二头肌肌群产生更多的静力收缩。

★ 2. 防御型等长力量：

当你需要抵抗对手的束缚、抑制或者"锁"时，如果对手足够强壮，肌肉会由静力力量转变为制动收缩状态，这标志着你的手臂力量正在流失。为了避免这种现象的出现，你需要加强背部肌群、肩部肌群以及肱三头肌肌群的静力训练。

但是，在进攻或防守中的核心肌群，应当是内收肌群与小腿前侧（前胫肌群）。这两大肌群是只需要进行静力训练的。

等长力量在搏击运动中的两个表现阶段：

★ 1. 等长力量中的爆发力：

我们知道在搏击运动中能够尽快释放自己100%力量的能力是十分重要的。爆发力训练可以帮助你减少对手反应以及躲闪的时间。此时你需要进行快速的等长力量练习而非慢速、逐渐增加强度的等长力量练习（例如，在橄榄球比赛的混战中，运动员在接触球以前对手所给的压力在逐渐增强）。因此，你需要在训练中使用自己的极限力量尽可能迅猛地完成任务动作。

★ 2. 等长力量中的耐力：

等长力量中的耐力接过了爆发力的接力棒，当你的身体出现疲劳时，自身的弱点往往最先暴露出来。此时你需要加强维持等长收缩的训练，尽可能保持这个状态足够长的时间（至少30秒）。

在训练课开始时采用爆发力收缩方式5~10秒钟。随着训练的深入，逐渐增加每次动作重复所消耗的时间。

如果你在这两方面有弱点的话：

→ 对于等长力量中的爆发力：你需要在每次动作重复的间隙最好争取休息15~30秒，以确保力量状态的维持以及肌肉疲劳度最小化；

→ 对于等长力量中的耐力：你需要在每次动作重复的间隙尽可能短地休息（5~10秒），以便在动作训练中重复刺激已经疲劳的肌肉。

在这两种情况下，一个动作安排一组的力竭训练便已足够了。当你的力量急速衰弱时，安排的这组力竭训练标志着这次训练课的结束。

在下一次训练课时，你的目标是相比上一次可以多完成至少一次的动作重复。最理想的方式是将等长力量训练组安排在一节训练课的末段，因为此时你已经较为疲劳，有利于你的训练目标并且创造出一个搏击时的身体环境。

在等长力量训练中的角度方面，一定需要与你自身的需求相符合。例如，对于自由搏击运动员，每次进行内收训练时都要确保两腿形成45度的夹角，而不是要让两条腿相互紧贴。

在等长力量训练中、你需要特别注意呼吸的问题，短暂的抑制呼吸法可以让你的力量与爆发力获得快速提升，以便更好地捕捉对手。但是，如果抑制呼吸的时间较长，就会出现窒息现象。因此，如何学习合理的抑制呼吸，避免力量的大量流失，是你在肌肉力量训练中需要着重掌握的一门技术。

是否支持不平衡训练？

在不平衡状态下进行训练是十分潮流的训练方法。例如，相比在传统的卧推椅上进行卧推训练（平衡面），我们更建议在健身球上，这种不平衡面上进行训练。这种功能训练法可以带给我们：

→ 减轻负荷，以便让关节压力最低化；
→ 更好地平衡左右两侧身体的力量。

但这种方法是否适用于搏击运动员呢？在搏击运动中，这会导致你的对手处于平衡状态，而你的身体却不稳定。据科学研究表明，如果要增强身体的平衡力，一定要让你的训练环境与实战环境极为相似（keogh，2010）。因此，搏击运动并不适合在肌肉训练中安插不平衡训练。

这也解释了为何除去速滑类运动外，不平衡训练对于力量的增长速度都较为缓慢的原因。相比在平衡面上进行的训练，训练者的力量会在不平衡环境下减少22%（kohler，2010）。因为这种力量的流失现象，核心区域会相应减小34%的对身体平衡的保护。不平衡训练并不是搏击运动员最佳的训练选择，特别是那些希望在短时间内获得最大力量发展的训练者。

除非有一天会出现在健身球上进行的搏击比赛，否则搏击运动员使用它进行不平衡训练的概率是极低的。并且，在一个活动的平面上使用较大的训练负荷是十分危险以及没有意义的。一旦我们从上面跌落，后果是十分严重的。

使用健身球进行拉伸背部肌群、放松腰椎是十分有用的。但是，使用它进行肌肉力量训练，对于搏击运动员则是没有价值的。

增长耐力的方法

对于一个搏击运动员，如果没有一定的耐力水平，只拥有力量、爆发力以及搏击理论知识是没有多大价值的。耐力是不可或缺，必须要通过针对性的训练方法进行提高的。

爆发力与耐力：互相对立的两大肌肉特性

你的肌肉只可能具备一种特殊的能力：或者爆发力出色，或者耐力持久，你不可能同时拥有二者（Paulo，2010）。规律性的爆发力训练会让你获得快肌纤维（II型）。然而，每组训练重复次数并非是固定的，受你的训练目标和发力方式而决定。毋庸置疑地，肌纤维力量的增长意味着其耐力的减少（或慢肌纤维减少，I型）。当讨论慢肌或者快肌纤维时，其区别很难通过肉眼辨别。你可以通过爆发力的方法来观察，II型肌纤维所释放的速度是I型肌纤维的两倍。

对于一次仅耗时50～250毫秒的击打而言，不同肌纤维类型所带来的击打效果就会体现的十分明显。II型肌纤维的力量释放方式过于迅猛，会很快就用尽身体所有的力量。而I型肌纤维则正好相反，它的力量释放方式较为缓慢，可以做到持续输出。耐力训练可以增加你的持续击打能力，但却会减弱每一次击打所造成的伤害效果。

这种矛盾诠释了为何力量与耐力难以互相兼容。但是，搏击运动员却必须要将这两种能力尽可能融合。因此，我们建议采用循环训练的方法，在不同训练动作间、训练组间不安排休息时间。

五个缓解爆发力与耐力兼容矛盾的方法

❶ 避免无休止的跑步训练

无休止的跑步训练，在搏击运动员刚接触训练时是看似不错的选择。可事实上这种方法是很低效率的，还会影响搏击运动员的爆发力水平的。

❷ 避免过多的耐力训练

与其余一些竞赛时间无法预料的运动项目不同（如网球），搏击比赛的限时是固定的，搏击运动员需要在这个时间段内完成全部的训练。

❸ 模仿搏击比赛时的休息周期

如果一次循环训练的时间比一回合的比赛时间还长，这种训练方式是没有任何用处的。例如，在MMA比赛中，你需要试着进行三次循环训练，并且每次耗时不要超过5分钟，循环间休息时间控制在1分钟。你的目标即让身体的能量释放与具体的搏击比赛要求相适应。

❹ 进行全身训练

传统的耐力训练有一个很严重的弊端，即它是重复性的训练，并且没有刺激到全身的肌群。

它仅仅关注腿部训练（如采用跑步、自行车、跑步机、登山机等），而非全身的训练。这里我们所提到的循环训练是关注训练者全身的训练方法。通过利用哑铃，你可以获得相比单纯自重训练时更大的强度与阻力，这会让你的训练效果更佳，并且充分刺激到全身肌群的发展。

❺ 优先发展力量水平

在力量水平获得一定进步后，你需要留出一些时间进行具体专项训练，避免在健身房所获得的力量无法很好地转移到搏击场上。当你双倍（对于强壮的搏击运动员）或三倍（对于较弱的搏击运动员）地增加训练强度时，会很好地改善专项能力，相比单纯提高力量所带来的对于搏击水平的提高会更大。

理想的专项训练——采用循环训练法

在神经控制能力方面，一个优秀的搏击运动员需要具备最大限度发挥自身手臂与腿部肌肉的能力，在一次击打中共同释放最大力量……循环训练的优点在于可以适应搏击运动的不确定性与随机性。

在传统的肌肉力量训练中，不同部位的训练被人为分割开来。你会在重复多组训练一个动作后，再进行下一个动作的训练。然而，搏击运动本身却没有这样的特点。

循环进行肌肉力量训练可以带来不同肌群、训练动作的改变。

这种持续的搏击运动训练改变相比传统的肌肉力量训练，会更加符合搏击运动本身的特点。

在许多竞技运动中，循环训练法有着各自不同的特点。例如，在搏击运动中，进行循环训练时需要避免频繁的动作变化。

◆ 总结：

循环训练法对于提高力量和耐力是十分理想的。因为其要求休息时间较少，所以会压缩整体的训练时间。

循环训练与大脑的关系

力量释放的来源并非单纯的肌肉做功，而是由大脑释放出收缩肌肉的指令所致。科学研究表明，根据不同的训练方法，即传统的肌肉力量训练或循环训练所受的大脑控制区域也各不一样（Kantak，2010）。

在传统的肌肉力量训练中，每个训练动作间都会给予训练者一定的休息时间。在循环训练中，大脑需要一直保持在兴奋状态中。这虽然十分困难，但是对于需要随时调配肌肉发力的搏击运动而言，却有着十分优秀的训练效果。

循环训练的变化

对于一个刚接触循环训练的训练者，长时间内持续使用大重量训练是不可能的。我们建议训练者在循环训练开始时，每个动作间都休息15~30秒。随着训练的进行，逐渐减少动作间的休息时间直至完全不休息。我们将会在本书的第三章列举一些循环训练的案例（见第126页）。

耐力训练中的呼吸技巧

当你进行循环训练时，呼吸是非常重要的，否则会有缺氧窒息的现象产生。此时，你一定要避免抑制呼吸的现象出现，哪怕是自然的生理反应。在动作最困难的阶段（抗阻阶段）呼气，在动作最简单的阶段（放松阶段）吸气。

抵制乳酸堆积

肌肉酸化是导致疲劳产生的因素，对于一个搏击运动员，乳酸堆积的数量是常人的10倍（Amtmann，2008）。不过，有一种非常简单的方法可以抑制这种酸化现象的产生，并且尽可能避免运动能力的降低。这就是使用碱性运动补剂，例如，碳酸氢盐，它可以中和酸性物质。

搏击运动员可以使用运动补剂。比如，高水平的拳击运动员会在比赛前90分钟使用每千克体重300毫克的碳酸钠（4个回合，每个回合3分钟，中间休息1分钟）（Siegler，2010）。在赛前使用碳酸氢盐可以让拳击运动员血液的酸性降低（pH：7.43），而使用安慰剂（pH：7.37）则不会有太大帮助。

在比赛结束后，血液的酸性依旧停留在一个较低的水平，这也要感谢碳酸氢盐的帮助（pH 7.22相比安慰剂7.17要更低）。乳酸麻痹肌肉的能力减小，运动能力也可以得到一定改善。服用碳酸氢盐可以在一次比赛中增加你5%的击打次数。这种运动能力的提升会在第三回合以及第四回合时显露无遗。

这个例子表明，食物与运动补剂在提升搏击运动员竞技水平的过程中，扮演着十分重要的角色。

改善柔韧性的技巧

柔韧性与硬度：两种矛盾的肌肉特性

在许多训练者看来，肌肉硬度是肌肉整体能力的表现，柔韧性只是其中一个特性。然而，事实真相却远没有如此简单。

对于一个搏击运动员，良好的柔韧性有着许多益处：

→ 肌肉的柔韧程度对于击打数量是有重要作用的，特别是体现在击腿动作上；

→ 身体越柔韧，越有利于重心的保持，可以很好地抵御对手的制服；

→ 良好的关节活动范围，可以让你更轻松地逃脱对手的限制；

→ 柔韧性越强，平衡能力越高，一个身体僵硬的人是不会拥有出色的平衡能力的；

→ 肌肉越柔韧，身体受到伤病的影响也就越小。

然而物极必反，身体过度柔韧也会带来一些弊端：

→ 肌肉力量减弱：在高水平运动员中，柔韧性稍逊一等的运动员相比柔韧性较强的运动员爆发力水平高37%（Watsford，2010）；

→ 柔韧性会使耐力衰退；

→ 关节保护能力较差：为了保护你的上半身抵御击打，肌肉稍微僵硬一点比较强的身体柔韧性所带给身体的安全保护会更多。

平衡柔韧性与硬度间的关系

在所有的运动项目中，肌肉柔软度与硬度是相互冲突的。不过在部分运动中，你却可以很轻松地解决这个难题。例如，对于舞蹈者，柔韧性显然是要被优先照顾到的。对于重竞技运动，肌肉的硬度则更加重要。搏击运动员需要将舞蹈所需要的柔韧性与重竞技所支配的肌肉硬度相结合。

但是，你需要明白肌肉变得柔软并非最终目的。柔韧性只是你提高战斗能力的一种手段，柔韧性是十分重要。但是在某些阶段内，身体的过度柔软反而会影响击打效率。

因此，在提高肌肉柔韧性与保持肌肉硬度间找到一个训练的平衡点便至关重要。这种平衡在苏联举重运动员看来：肌肉需要保持一定的柔软度，以便在相应的运动项目上获取一定的身体移动幅度（避免受伤并且不会影响动作完成质量），但不能过度（以免运动能力受影响，身体变得像布娃娃一样，关节极易脱位）。

♦ 总结：

你需要在对肌肉进行拉伸训练时打起十二万分的精神，它能够提高你的运动表现力，同样也有可能影响你的竞技表现。

肌肉柔韧性与关节移动能力是不同概念

能够做到劈叉，特别是竖叉是身体较柔软的标志之一。但是，这并不意味着能够做劈叉你就拥有足够的身体柔韧性。同样，不能因为无法做到劈叉就定义为你的身体不够"柔软"。事实上，并非所有体态的人都能够做到劈叉。

劈叉凭借的并非是肌肉的柔韧性，而是更依赖关节的柔软度。

♦ **总结：**

骨骼的构造在动作幅度中扮演着决定性的角色。你可以让肌肉与韧带变柔软，但如果用力折磨骨骼，强迫它达到某一运动幅度则是不理想的。不要以部分人可以做到为借口，去要求其余所有的训练者。这种固执的训练观所带来的疼痛是毫无意义的。

由此我们可以总结出两条训练法则，以免让搏击运动员在平衡肌肉柔软与硬度间遭受不必要的痛苦：

★ 1. **搏击技术适应性：**

让你的击打方式与自身的骨骼与韧带构造相适应，而非让后者适应前者。

★ 2. **肌肉训练适应性：**

让你的肌肉训练方式与自身的骨骼与韧带构造相适应，而非让后者适应前者。

不同的髋部骨骼构造

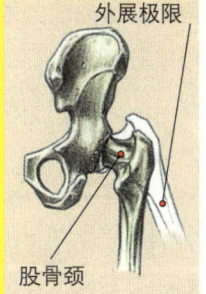

股骨颈呈近似水平状的现象被称为髋内翻，它会限制外展动作的幅度。

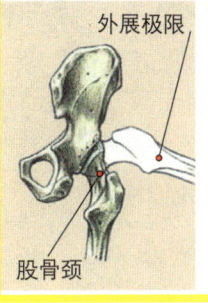

股骨颈呈近似纵向状的现象被称为髋外翻，它会增加外展动作的幅度。

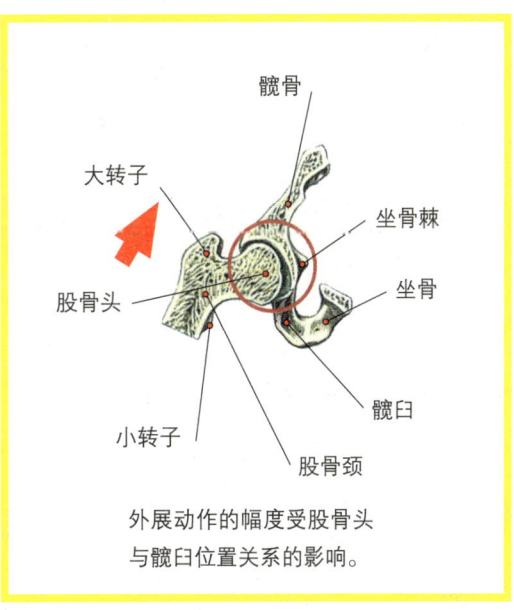

外展动作的幅度受股骨头与髋臼位置关系的影响。

不同气候所对应的身体柔软度

根据所生存的气候条件可以划分为：

→ 一直生存在炎热的环境下，肌肉张力较为理想，但受伤概率较大；

→ 一直生存在寒冷的环境下，肌肉较为柔软但张力不足，因此其受伤概率较低。

肌肉训练与肌肉硬度

当你使用高负荷进行力量训练时，肌肉的柔软度会受到较大程度的影响。这是十分正常的，如果要变得强壮有力量，一定的肌肉硬度是不可或缺的。

但是，这样却会降低搏击运动员的动作幅度，甚至影响到其自身的竞技水平，导致伤病的产生。此时，规律性地拉伸练习会将这个风险降至最小化。

单侧肢体柔韧性更佳

当我们对一侧肢体进行拉伸时，你会发现身体的柔软度相比同时拉伸左侧与右侧肢体时要好得多。

这种生理特性受神经系统在拉伸练习时所扮演的重要角色影响。我们可以认为只有筋的柔软度对运动幅度起着决定性作用。在两侧同时进行拉伸练习时，神经系统会相比单侧拉伸练习时对身体进行的限制与干预，你的运动幅度也会受到相应的缩减。一个想快速提高自身动作幅度的搏击运动员，应当优先选择单侧的拉伸训练动作，而非同时拉伸双侧肢体。这也是为何前者是搏击运动中最常见的拉伸训练方法原因所在。

♦ 总结：

神经系统层面的水平是开启身体柔软度的关键钥匙。正是由于神经系统有效地调节肌肉与腱，搏击运动员才可以做到或者使用肌肉硬度（需要做出有力击打时），或者使用身体柔韧性。这种神经系统的延展性与适应性，只能够通过结合大重量的力量训练与规律性的拉伸练习方能获取。

拉伸的时间

对于搏击运动员，总共有四个时间段非常适合进行拉伸练习。

❶ 训练前热身

使用弹力带进行几秒钟的拉伸练习会帮助你的身体尽快热起来。拉伸练习可以让你的肌肉与韧带做好充分的准备，这会直接作用到你的肌肉力量训练上。但是，如果过度的使用弹力带进行拉伸练习则会导致力量的减少，甚至会出现肌肉撕裂的现象。你的肌肉需要像弹力带一样张弛有度。

在力量训练前进行拉伸练习时，一定要注意不要使用过高的强度。因为科学研究表明，在使用拉伸练习进行热身时，会导致因肌肉弹性减小所带来的运动能力下降。如爆发力、力量与耐力的减少（Nelson，2005）。这种运动能力的减弱是暂时性的，但是对于一次力量训练课或搏击专项训练课的影响却是持久性的。因此，不要在热身时过度地进行拉伸练习。此时拉伸的作用只是帮助你的肌肉充分预热，而非提高柔韧性。

❷ 训练中

肌肉力量训练与搏击专项技术训练时分隔开的。我们可以在训练间的休息时间进行拉伸练习。此时，拉伸可以带来两大结果：

1. 理想情况下，拉伸可以帮助我们重获肌肉张力，这点直接体现在运动能力的改善上。
2. 糟糕情况下，拉伸可以增加疲劳感。

拉伸方法与拉伸时间是导致这两大极端结果产生的主要因素。当我们在训练刚开始时进行拉伸会带来不错的辅助效果，相反如果在训练临近结束时进行拉伸，反而会带来相反的作用。

拉伸的优点在于无论是对身体有正面帮助还是有负面影响，训练者都能立刻感觉到。

不要在训练中的拉伸练习时过于教条主义！

即使它对于训练这的确有所帮助，这也要分具体时间、具体人来看，不能过分简单，以偏概全。

❸ 训练后放松

这是进行拉伸的最佳时机，因为此时训练已经结束，运动能力即使受拉伸影响出现大幅度下降也无伤大雅。并且，此时肌肉热度足够，不用担心拉伸所可能产生的伤病。不过，此时进行拉伸还是有两大弊端的：

→ 增加整体训练课的时间；
→ 在肌肉疲劳时，进行拉伸练习并非快速提高柔韧性的理想方法。

但是，如果你的目标仅仅是保持身体柔软度的话，在训练后进行拉伸放松是非常理想的选择。

❹ 休息日

如果你需要快速增加身体柔软度，在休息日进行拉伸练习可以很好地满足你的需求。拉伸的好处在于你可以在家里完成，不用借助过多的训练器械，不足则是其会增加一节训练课的强度，以至于延长训练者的身体恢复时间。在休息日进行拉伸练习，可以充分发挥拉伸的优势，并且不用担心身体恢复周期的扩大。

在休息日进行拉伸训练还有一个不容忽视的问题，即你的肌肉往往在开始训练时是冰冷的，这会有极大的手上风险。因此，不要忘记：

→ 在拉伸练习前进行充分地热身；
→ 谨慎地增加拉伸训练强度。

拉伸的方法

拉伸主要有两种方法，即静态或动态拉伸。

❶ 静态拉伸

保持一个固定姿势进行10~60秒的拉伸。训练强度可以根据自己的目标由低到高逐渐增加。

★ 优点：训练者自身容易掌控训练强度，易受伤风险最低。

★ 缺点：这种方法会导致运动能力的衰减，只推荐在训练前使用（Bacurau, 2009）。

❷ 动态拉伸

突然对肌肉进行拉伸，持续时间为10秒到20秒。这种拉伸方法与爆发力训练颇有几分相似，因为后者在拉伸-放松（即肌肉弹性）过程中扮演着重要角色。之所以突然地对肌肉进行拉伸，其目的在于通过肌肉发力得到比普通状态下身体所无法达到的伸展程度。

★ 优点：在训练前进行动态拉伸不会对运动能力产生任何阻碍，当然这是建立在肌肉不受损伤的前提下（Bacurau, 2009）。使用这种拉伸方法时一定要慎之又慎，以避免肌肉损伤。

★ 缺点：这种方法会导致受伤风险的大大增加。使用3~5次无休息的循环拉伸是十分常见的训练方法。搏击运动员没有必要按照不同的肌肉部位进行拉伸，而是应当根据自身的搏击技术所需要的身体柔软度进行训练。为了帮助你很好地完成这项任务，请仔细阅读作者所写《肌肉拉伸运动》一书。

拉伸练习中的呼吸技巧

在拉伸练习时阻碍呼吸会让肌肉变得僵硬。当我们进行拉伸时，一定要让身体充分放松。缓慢并且持续地吸气，以便最大化减小肌肉的僵硬度。并且，在拉伸训练强度增高时，一定要注意呼气与吸气的同步配合问题。

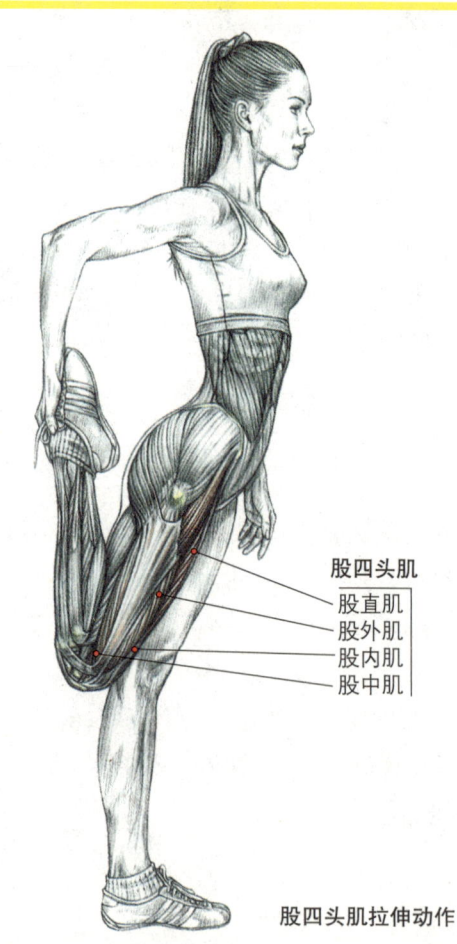

股四头肌
股直肌
股外肌
股内肌
股中肌

股四头肌拉伸动作

恢复肌肉与预防伤病的常识

伤病是搏击运动难以回避的一个问题，自由搏击同样不能例外，在十种搏击运动项目中总共有3种常见的伤病（Bledsoe，2006）。训练者需要注意避免比赛时产生的疼痛在肌肉力量训练中诱发伤病的出现。由此，训练者需要：

→ 做好充分的热身准备；
→ 在两次训练课之间充分休息。

热身的技巧

我们的身体好比一辆汽车，如果当引擎处于冷却状态时你就猛踩油门，对于速度的提升不会十分明显。相反，当引擎充分预热后，轻踩油门就能够让汽车速度飙升。同样，我们的肌肉、韧带与关节也需要一个理想的温度才能够发挥最佳动能。在任何训练前进行热身是十分必要的，它可以：

→ 保护身体，防止伤病；
→ 让运动能力最优化；
→ 给予训练者充分的心理准备。

在高负荷训练前进行1~2组低负荷的热身训练，严格注意不要使用过高的训练强度，热身组的训练不计入到一节训练课的总训练组数内。

◆ **热身训练的适应性**

一次热身训练的时间不是固定不变的，受季节与一天中训练时间的选择影响。在冬天或者上午，训练者的身体相比在夏天或下午时温度较低，你需要增加1~2组热身训练。根据不同温度做出相应的调整，可以很好地弥补运动能力所受到的影响（Taylor，2011）。注意，不要因此就缩短正式组的训练时间，一次训练课的时间因为热身组的增加自然也需要更多的时间。

⚠ 注意肌肉力竭！

许多初级训练者认为，热身训练是可有可无的，他们可以在训练一开始就采用大重量，这样不会让他们因热身训练而浪费宝贵的时间。

这种忽视热身训练的态度必定会在日后导致伤病的产生，影响你的搏击能力。一个好的热身训练会给身体增加安全性，抵御伤病，这些都会直接作用到改善你的运动能力上的。

放松运动

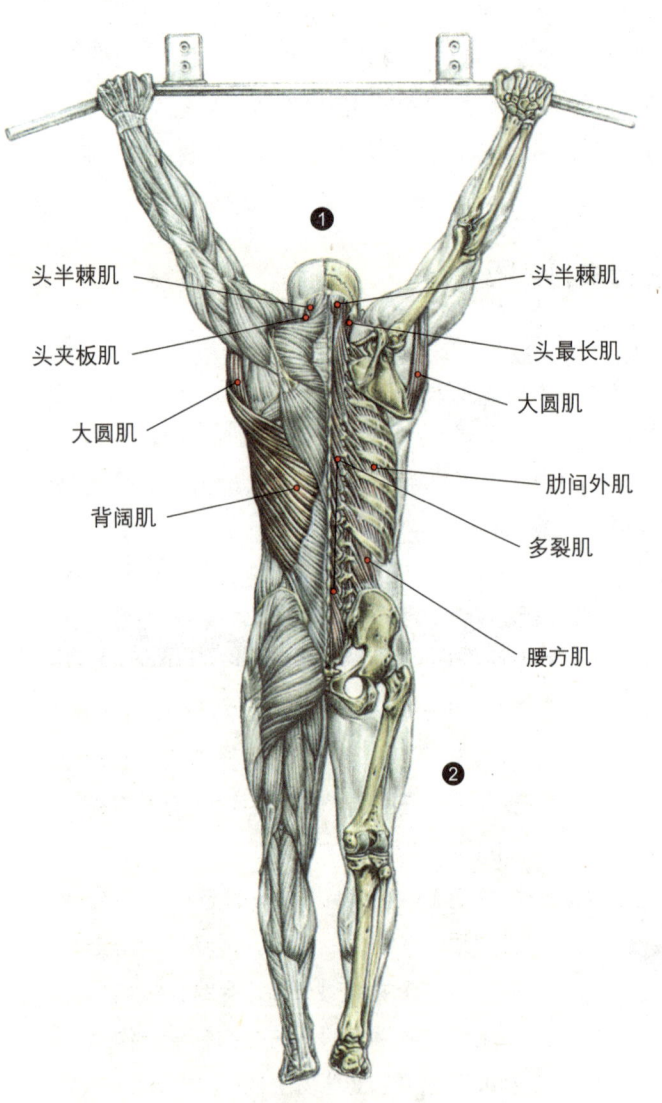

头半棘肌
头夹板肌
大圆肌
背阔肌
头半棘肌
头最长肌
大圆肌
肋间外肌
多裂肌
腰方肌

❶ 头微微向前倾，下巴抵住上胸。
❷ 慢慢伸展背部，以便充分拉伸深层次的小肌肉群。

训练开始前的热身与训练结束后的放松都是十分重要的。在力量训练中，肌肉会呈现对脊椎与关节的压迫，因此适当的减压是势在必行的。

这里我们采用的减压方法是职业美式足球运动员所常用的，作为经常受到关节损伤困扰的一种运动，美式足球对于如何快速缓解运动员的疼痛与关节压力有着较多研究。

同为了预防伤病进行拉伸练习一样，放松训练也需要安排在训练结束后立即进行。对关节进行牵引可以很好地分担掉其所受的一部分压力，对于血液循环和身体恢复有着很大帮助。需注意在进行放松训练时，关节一定是自然地受重力进行牵引，而非受到突然间的外力被快速拉扯。

为了加速腰部的恢复，在器械或单杠上进行约30秒的悬垂拉伸练习可以很好地减轻腰部压力。你的腰椎应只受重力影响进行自由地拉伸，如果你的腰部感觉很僵硬，这意味着你的肌肉依旧没有做到充分放松。放松训练虽然简单，但也需要日积月累的不断学习，正确掌握放松训练的技巧。

使用普通的悬垂拉伸训练不只会让你的腰椎受到放松，同样有助于减少腕关节、肘关节以及肩关节所受到的压力，促进恢复。

此外，还有一种放松方法是通过倒挂悬垂身体的方法来实现的。将双脚悬挂在器械或单杠上，头朝下，可以很好地预防腰部酸痛（Richmond，2009）。这种方法同样会减轻踝关节、膝关节与髋关节所受到的压力，节省恢复所需的时间。因为这种方法可以加速血液循环，特别是在训练结束后更为明显（Cerniglia，2007）。

如果你是第一次使用这种倒挂悬垂身体的放松方法，头部可能会出现一定的不适感。你会感到血液集中在脸与眼睛上。这种感受与航天员第一次进入太空时颇有几分相似。

如果在这种情况下你的身体无法支撑许久，要果断放弃这个姿势，改为使用普通的悬垂拉伸方式。但是，在搏击运动中，有可能出现对手束缚住你的双脚，将你的身体倒挂起来的情况，此时你头部是自然朝下的。如果你在这种情况下感觉晕头转向，对敌人毫无招架之力，你便根本不会有获胜的机会，你的潜在对手也自然明白如何将你制服。

因此，你必须将这种情况考虑在内，纳入到训练计划中，特别是当你感到疲劳和呼吸急促时，更是训练的绝佳时机。你可以通过使

因为血液循环加速的缘故，倒挂悬垂身体可以减轻腰椎所受压力。

用专用训练靴来让自己逐渐适应倒挂悬垂的训练方法。

泡沫轴自动按摩法

如果你不注意细小的肌肉与韧带损伤，让它们持续堆积会导致肌纤维越发失去弹性。这直接影响肌肉柔韧性的降低，更容易拉伤并且无法释放足够的力量。这种潜在的威胁会造成运动能力的衰减。

对于肌筋膜的按摩在于让身体重获柔韧性、速度与肌肉力量。我们可以使用泡沫轴来代替按摩师进行自动地按摩放松。

躺在泡沫轴上，身体放松，利用圆柱体的滚动来给不同部位的肌群减压。当你接触一个新的训练方法时，如果稍不留意就会让身体出现严重的疼痛。幸运的是，使用泡沫轴可以帮助你很好地掌握训练方法，避免身体的过度拉伸。

❶ 按摩背部、斜方肌与颈部肌肉。

❷ 按摩三角肌后束与肱三头肌。

❸ 按摩腘绳肌与臀部肌肉。

❹ 按摩股四头肌。

你可以从放松身体表面的肌肉开始，接着再进行对深层次肌肉的按摩。相对来讲，虽然硬度越高的泡沫轴按摩效率越高，但也会带来更多的肌肉酸痛感（Curran，2008）。

并且，一个硬度较高的泡沫轴不利于对深层次肌肉进行按摩，针对性不佳。

在休息日进行5~10分钟的持续性自动按摩，有助于身体与运动能力的恢复。在按摩时需要注意对易受伤部位的放松，例如，肩膀、腰部、膝盖以及脚踝周围。

在肌肉力量训练时，你同样可以在训练组间进行自动按摩。医学研究表明，在训练中使用泡沫轴有利于加速身体疲劳度的消失（Healey，2011）。

肌肉发展不平衡是导致受伤的关键因素

肌肉力量的增长速度往往要快于关节的强化。例如，举重运动员与普通人相比：

➙ 股四头肌强壮约26%；

➙ 股二头肌仅强壮11%，这意味着两大对抗肌发展的极度不平衡；

➙ 膝关节软骨仅强壮5%（Gratzke，2007）。

随着训练时间的积累，膝关节软骨会一直受到一定程度的磨损，受伤的风险也会随着增大。

◆ 总结：

一份肌肉力量训练计划如果不够全面，会影响你的运动能力增长。这种训练的不平衡性会导致运动员身体出现多重伤病。此时，做到防患于未然是抵御伤病的最佳方案。确保不同对抗肌群训练的平衡性，例如：

→ 三角肌前束与后束；
→ 斜方肌上部与下部；
→ 背部肌群与胸部肌群；
→ 前臂屈肌与伸肌；
→ 腰部肌群与腹部肌群；
→ 股四头肌与腘绳肌。

遇到伤病时使用交叉训练法

如果你是一个右撇子，正确的书写方式是使用你的右手。但是，这样却遗留了左手不会书写的问题，反之左撇子亦然。没有人会教给你如何做到两只手都能够流利地进行书写，但这并不妨碍你使用弱势那只手，即使你感到十分别扭。这种现象体现在训练上，被称之为"交叉训练法"。"交叉训练法"不仅受神经系统影响较大，肌肉水平更是非常关键的一个因素。虽然你只进行右臂的肌肉力量训练，但是左臂依旧获得了一定的发展，只是相比经常训练的一侧弱10%~15%。当你受到伤病影响时，你可以采用只训练一侧的方法，不仅可以最大化保留力量，还可以促进无法受到训练的一侧肌肉的恢复。

营养补充

使用自然健康的营养补充，可以很好地加快肌肉与关节的修复速度。例如，在为期28天的训练周期内，高水平运动员的膝关节需要每天补充：

→ 安慰剂；
→ 或1.5克的葡萄糖胺。

在针对腿部运动幅度的恢复效率方面，使用葡萄糖胺要比使用安慰剂高出40%（Ostojic，2007）。

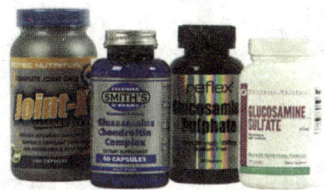

部分运动补剂有助于促进搏击运动员的身体恢复。

颈部、斜方肌与颌部 / 56

腹部肌群 / 69

拳击与肘击 / 80

腿法与膝击 / 94

抓、拖与绞技 / 100

使用或抵御锁技 / 105

扭倒技 / 117

第二章 搏击专项肌肉力量训练

大部分的搏击专项肌肉力量训练方式是借鉴于健美运动的，它们的目标在于孤立训练单一的肌肉群。搏击运动员如果采用这种方法进行训练，毫无疑问是徒劳无功的。你需要进行一些可以直接改善搏击运动能力的综合性的肌肉力量练习，而非单纯关注一两个肌肉群的发展。

但是，这其中也有一定的例外现象，一些对被动发力起对抗与保护的肌肉，如颈部、斜方肌、颌部与腹肌肌群则需要一定的孤立刺激。

搏击运动员需要明白在肌肉力量训练中，受伤的风险是一直存在的，特别是关节的伤病。每一个力量训练动作都会有导致你受伤的可能性，你所能够做的就是将伤病所带来的影响降至最低。因此，你需要根据基础的运动生理结构，在训练效率与安全性方面找到一个绝佳的平衡点，避免运动能力受到伤病的影响。

颈部、斜方肌与颌部

在搏击运动中，不可能出现只有我方进攻没有防守的情况。正因如此，保护好自身易受伤的部位，如头部与颈部便成为训练的头等大事。当你与高手过招时，你会发现将他KO或绞锁是十分困难的，这与其颈部与斜方肌十分粗壮是密不可分的。一个优秀的搏击运动员必须强化这部分区域的肌肉力量训练。

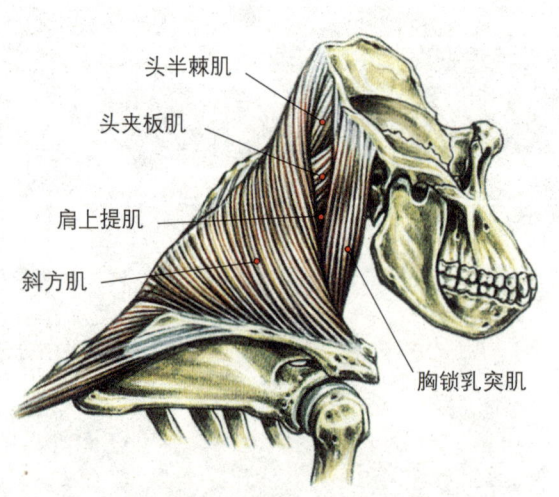
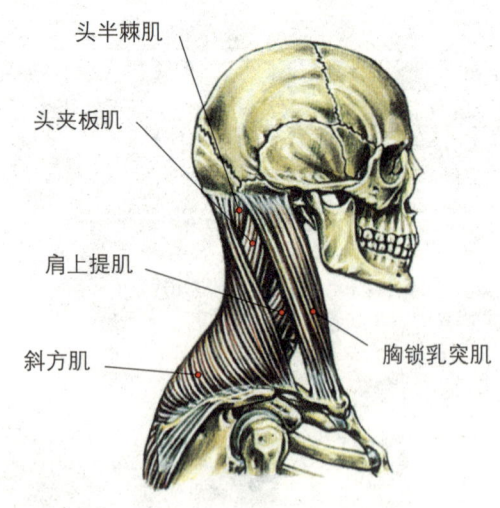

颈部肌肉的价值

颈部肌肉主要有以下三大作用：

★ 1. 确保颈部的灵活。

★ 2. 因为颈部的灵活性与重要性，强大的颈部肌肉可以保护颈椎的完整，特别是抵御强大的外力撞击。训练这部分的肌肉对于搏击运动员是十分必要的。

★ 3. 从视觉角度上讲，强壮的颈部肌令人印象深刻。因此其第三大作用就在于通过粗壮的肌肉围度给予对手震慑力。

极易受伤的部位

颈部是搏击运动中十分容易受损伤的部位，有约20%的搏击运动员在其第一年的职业生涯中感受到颈部的不适。

这个数字会随着职业生涯的推移增加到

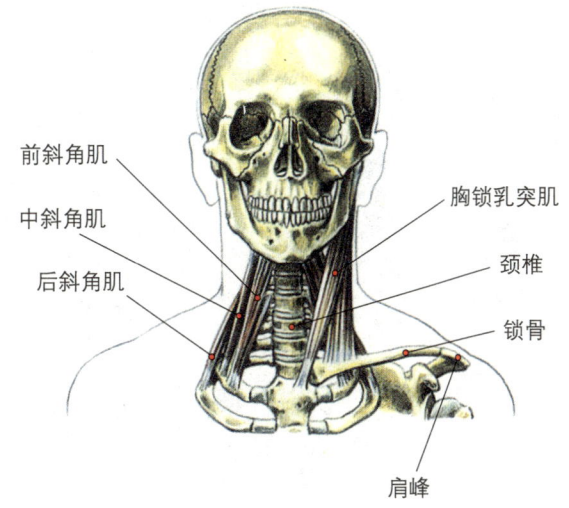

近50%，因为一旦该区域受到损伤，其受伤风险便会随着运动年限的增加而显著提高。

导致颈部易受损的因素主要有两大方面：

★ 1. 颈部肌肉薄弱。

★ 2. 颈部各肌肉发展的不平衡。

对于从未经受过专业训练的普通人，训练肌肉伸展力相比弯曲力的重要性要高近两倍（Ylinen, 2003）。这种不平衡的现象同样存在于搏击运动员。与普通人相比，顶级搏击运动员的颈部肌肉力量：

→ 肌肉伸展力高60%；

→ 肌肉弯曲力高120%；

→ 肌肉旋转力高170%。

搏击运动员可以通过针对性的专项训练来消除这种不平衡性，降低受伤的风险。当背部受到击打时，你需要拥有一定的颈部屈肌力量，以防止头部前倾诱发的伤病。当颈部出现极度伸展时（头向后倾），其受到的撞击程度与车祸类似，易造成因颈部过度屈伸所带来的损伤（Kochhar, 2005）。

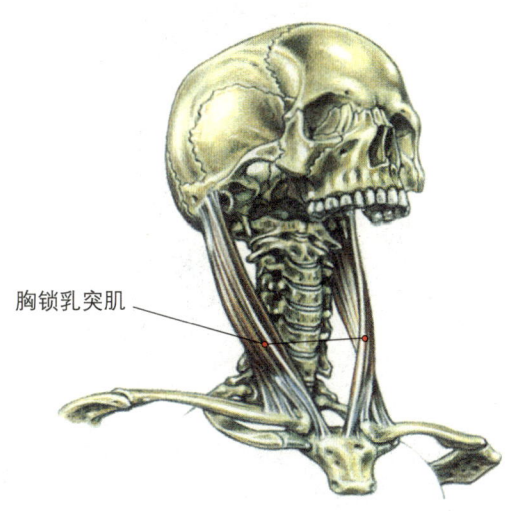

胸锁乳突肌在头部旋转的过程中起着重要作用。当其肌肉两头共同收缩时，带动头部向前伸出。

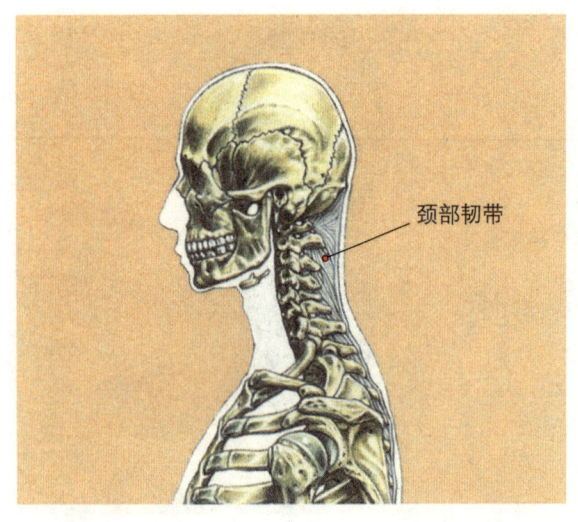

颈部韧带呈帆状，位于颈部下方，避免颈部因活动幅度过大所导致的脊髓损伤。

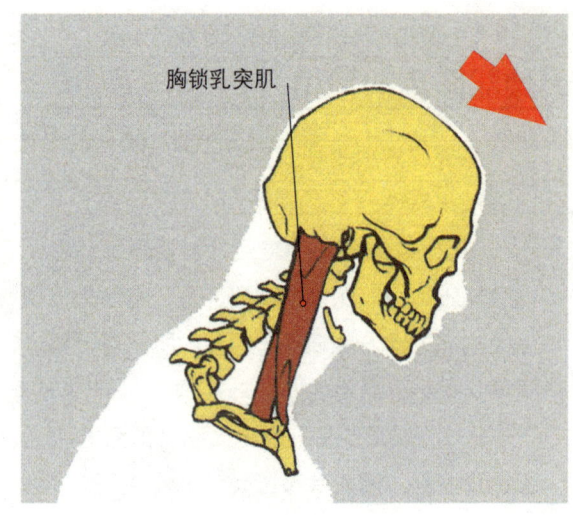

胸锁乳突肌群同时收缩，带动头部前倾。

因此，增强颈部肌肉，提高其肌肉围度是十分必要的。与其余肌肉不同，该区域更适合借鉴健美的训练方法。

肌肉训练的重要性

强壮的肌肉可以减少大量保护颈椎的韧带受到拉伸。肌肉训练最重要的价值在于通过提高颈部等长力量，以低于其所受到的冲击（制动发力）。训练速度较慢，类似静力练习。

此外，颈部的耐力也是同等重要的，因为受伤的风险会随着疲劳感的累积而增大。高强度的针对易疲劳肌肉的密集训练会带来耐力水平的较大提高。

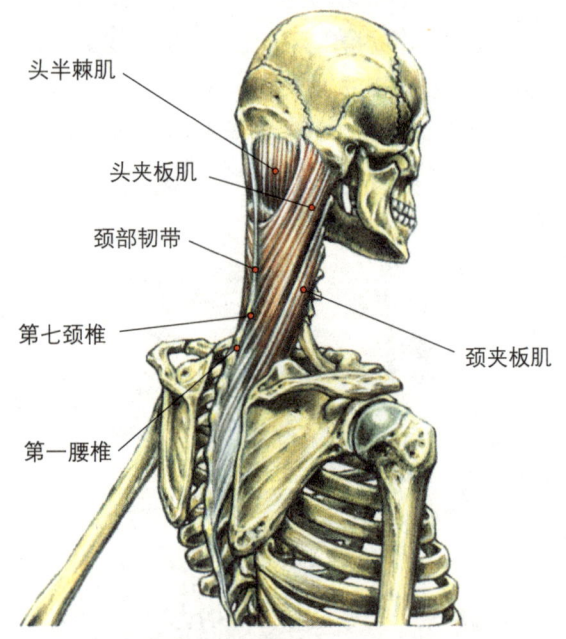

颈部伸肌肌群，四分之三视角。

孤立训练

传统的肌肉力量训练方法只能带给颈部微小的刺激。你需要使用一些针对性较强的孤立训练法。一个完整的颈部训练计划需要包含：

→ 前颈部训练（屈肌肌群）；
→ 后颈部训练（伸肌肌群）；
→ 侧颈部训练（旋转肌群）。

你可以将从风险系数较低的训练动作开始，充分刺激颈部不同区域的肌肉。在经过几个月的强化训练后，你便可以采用一些效果极佳但危险系数稍高的训练方法。

> ⚠ **注意！**
>
> 颈部肌肉围度较小会更容易引发伤病，你进行肌肉强化训练的目的在于保护颈椎在搏击运动中不受损伤。但是，颈椎同样有因肌肉力量训练所导致受伤的风险。比如，对于一名已经受伤的运动员，如果不注意肌肉力量训练的方式，会加重受损伤部位的疼痛感。
>
> 肌肉强化训练的目的在于减小颈椎受损伤的可能性，而非增大。为了不让其最终效果适得其反，你需要采用每组较高重复次数（20～30次），并且严格控制动作姿势以避免让颈椎受损伤程度加剧。

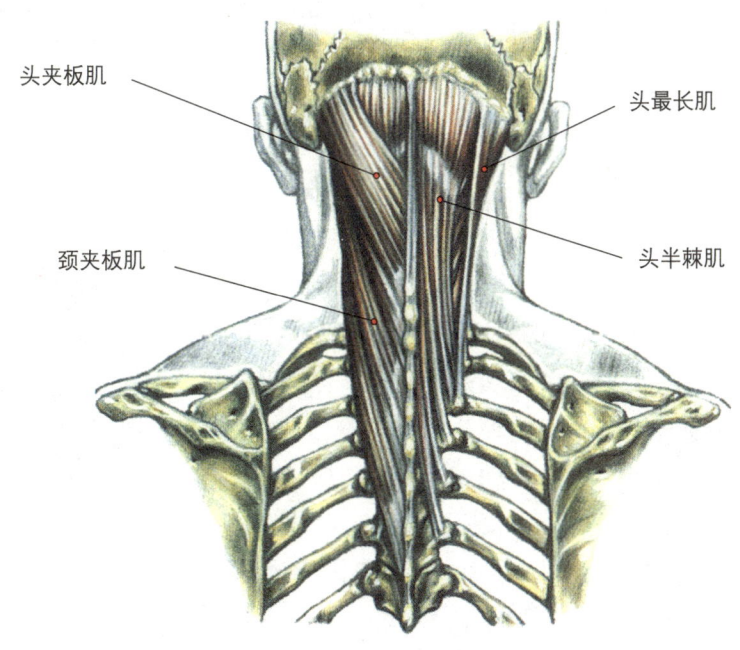

颈部伸肌肌群，背后视角。

颈部肌肉力量训练

颈弯举

这个动作孤立刺激的目标为前颈部肌肉。这个动作可以保护你的颈椎在背部受到强大冲击力时的安全性。

采用站姿或跪姿，双拳紧握抵住下巴❶。

利用颈部的力量尽可能地将拳头向前推❷。保持这个姿势进行5秒中的顶峰收缩，以带给肌肉最强的刺激。

使用双拳的力量慢慢将颈部向后推。

注意事项：

在肌肉伸展阶段注意避免发力过猛，我们建议颈部向前倾至与地面平行的幅度即可。

动作变化

Ⓐ 如果你的颈部正处于伤病恢复期，为了避免过度训练，我们建议采用静力训练的方式来完成颈弯举动作。将双拳紧贴在颈部与胸部之间，用力握紧拳头。

保持这个姿势至少10秒

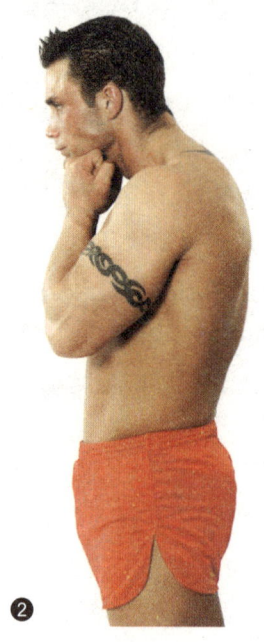

钟，然后休息几秒，如此重复训练直至肌肉力竭。

Ⓑ 与其保持头部正直，不如我们选择让头部向右前侧倾斜45度进行训练，以便让刺激部位更全面。在右侧训练完后再进行向左前侧倾斜45度的训练。

Ⓒ 为了增加训练的难度，我们可以躺在训练椅上，头部悬空。用毛巾包裹一圆形杠铃片置于额上，颈部先向后倾斜，再发力重新回到颈部与地面平行的位置。

Ⓓ 为了给你加压，我们可以采用特殊的训练头带，将其一端系于高滑轮或弹力带上。

Ⓓ 使用高滑轮训练

❺ 使用特殊的颈弯举训练器械。

优点：

使用高滑轮和弹力带训练可以解放出双手，在训练颈部的同时不会给颈椎较多压力，这是不可多得的优秀训练法。

缺点：

采用高滑轮和弹力带训练可以使用的负荷是有限的，会导致肌肉力量增长速度减慢。

如果在这个动作上使用较高的负荷，便会随时有损伤颈椎的风险。

⚠ 风险

不要让颈椎发力，避免颈部产生过大的运动幅度。

❹ 使用弹力带训练

颈屈伸

这个动作孤立刺激的目标为后颈部肌肉。这（夹板肌）是拳击运动员不可多得的好帮手。它们可以帮助你在头部受到击打时免于被KO。

采用站姿或跪姿，双手交叉置于颈后 ❶。

利用颈部力量将双手尽量向后推移 ❷。

保持这个姿势进行5秒的顶峰收缩，加强对肌肉的刺激。

利用双手的力量将头部缓慢向前推。

注意事项：

在肌肉伸展阶段注意避免发力过猛，我们建议下巴向前倾幅度不要超过与地面的平行线。

补充：

你可以将颈屈伸与颈弯举结合起来，进行无休息的超级组训练。

❶　　❷

61

动作变化

A 如果你的颈部正处于**伤病恢复期**，为了避免过度训练，我们建议采用静力训练的方式来完成颈屈伸动作。

躺在床上，头部用力挤压床垫。

保持这个姿势至少10秒钟，然后休息几秒，如此重复训练直至肌肉力竭。

B 与A动作一样，不过采取站姿依靠墙壁的方式完成训练。

C 与其保持头部正直，不如你选择让头部向右前侧倾斜45度进行训练，以便让刺激部位更全面。在右侧训练完后再进行向左前侧倾斜45度的训练。

D 解放双手，使用弹力带或毛巾绕到头后，增加训练时的阻力。

E 为了增加训练的难度，你可以趴在训练椅上，头部悬空。用毛巾包裹一圆形杠铃片置于头上，颈部先向地面倾斜，再发力重新回到颈部与地面平行的位置。

F 为了给你加压，你可以采用特殊的训练头带，将其一端系于高滑轮或弹力带上。

G 使用特殊的颈屈伸训练器械。

优点：

解放出双手或使用弹力

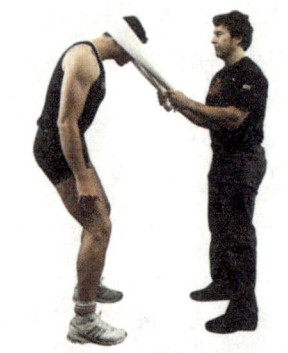

D 训练伙伴使用毛巾进行辅助训练

D 使用弹力带训练

带，在训练颈部的同时不会给颈椎较多压力。即使是使用一定的负荷或训练器械，这也是不可多得的优秀训练法。

缺点：

在训练时过度晃动颈部会有受伤的风险，正因如此我们在进行颈屈伸时一定要放慢训练速度，保持肌肉持续紧张。并且，在训练时最好睁开眼睛，来观察这个问题是否得到了解决。

⚠ 风险

注意，不要在任何时候使用双手向地面方向借力，这会有损伤颈椎的风险。

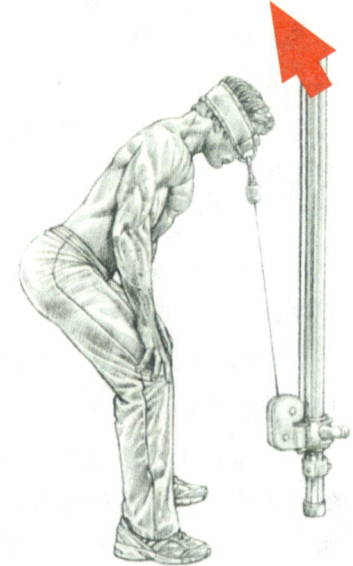

F 高滑轮颈屈伸训练姿势

颈侧屈

这个动作孤立刺激的目标为侧颈部肌肉。

采用站姿或跪姿,用右手掌心抵住右耳上方 ❶。

利用颈部力量将手向右侧推移 ❷。保持这个姿势进行5秒的顶峰收缩,加强对肌肉的刺激。接着,利用手掌力量慢慢将头部向回推。当右侧训练完后,立即进行左侧训练。

注意事项:

注意,训练时的颈部移动幅度,特别是在拉伸阶段时。无论是肌肉收缩还是放松时,都要避免头部的过度倾斜。

补充:

采用慢速度训练,保持肌肉的持续紧张,近似于等长训练。

动作变化

Ⓐ 如果你的颈部正处于伤病恢复期,为了避免过度训练,我们建议采用静力训练的方式来完成颈侧屈动作。

❶

❷

Ⓑ 与其选择用颈部力量推移手掌的办法,不如使用牵引手掌的姿势(见第64页)。

Ⓒ 为了增加训练的难度,充分伸展一侧肢体,以便利用头部的重量增加训练负荷。当这种动作变化变得越来越容易时,将小的圆形杠铃片放在耳朵上方,面朝天花板再进行训练。

Ⓓ 为了加压,你可以采用特殊的训练头带,将其一端系于高滑轮或弹力带上。

Ⓓ 高滑轮颈侧屈训练姿势

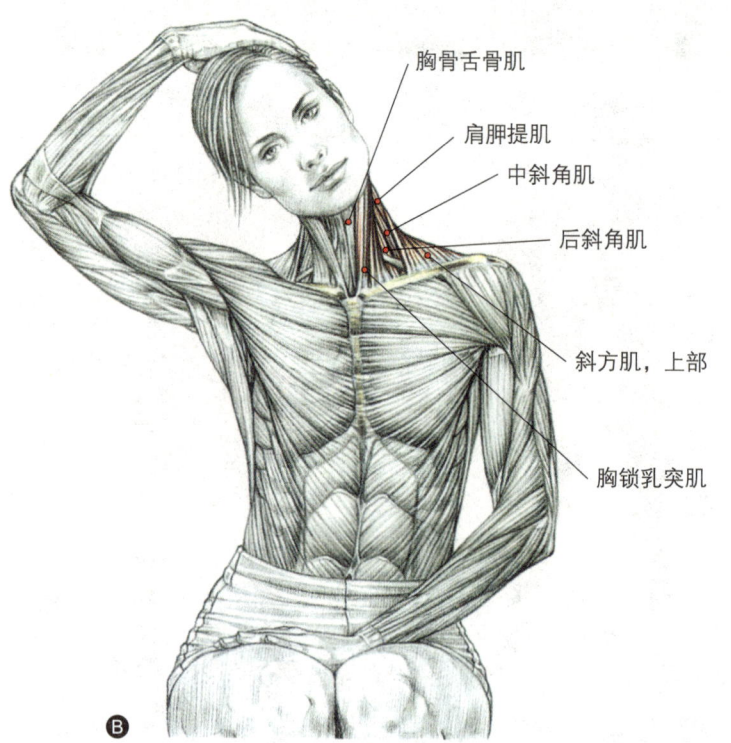

胸骨舌骨肌
肩胛提肌
中斜角肌
后斜角肌
斜方肌，上部
胸锁乳突肌

优点：

这个动作可以刺激保护颈部的深层次肌肉，这些都是普通动作所难以训练到的。

缺点：

如果动作姿势错误，便会有损颈部健康的风险。因此，在动作全程你都必须十分谨慎和小心。

⚠ 风险

单侧的训练方式危险系数相对更高，你要使用较小的运动幅度来完成训练动作。

强化颌部肌群

如果力量较小的击打让你的颌部脱臼，你需要加强颞颌韧带周围的肌肉。脱臼与颌部的痛感是可以通过强化肌肉的力量训练来预防的，如反复多次的咀嚼口香糖。但是需注意，不要将嘴巴张开的过大，否则会有让颌部脱臼的风险，反而适得其反。你还可以进行反向训练，来提高相应对抗肌群的力量。张开嘴巴，将双手抵在下颌部以提高训练强度。

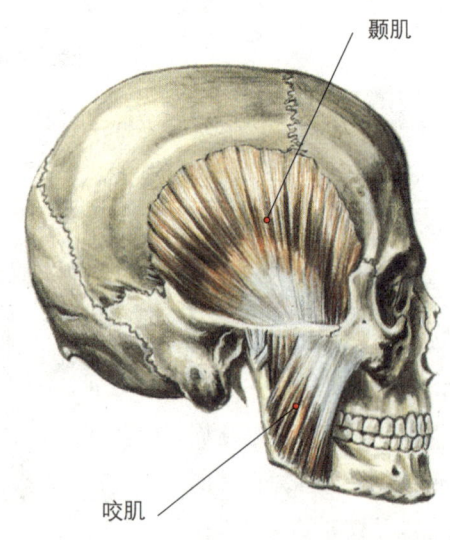

颞肌

咬肌

把你的颈部埋入粗壮的斜方肌

斜方肌有三大重要作用:

★ 1. 除去本身的力量价值外,它们可以很好地保护颈部健康。从美学方面分析,过大的斜方肌肌群会给人一种"没有脖子"的印象。

★ 2. 强大的斜方肌肌群与粗壮的颈部会给对手强大的震慑作用。

★ 3. 斜方肌下部起到保护与支撑肩部关节的作用。如果斜方肌下部薄弱,或者上下部肌群发展不平衡,都会引发三角肌的伤病(Smith,2009)。这部分区域的肌肉可以通过划船运动的方法进行强化(见第123页)。

斜方肌所扮演的角色

斜方肌可以划分为三个部分:

★ 1. 斜方肌上部起到抬起肩膀的作用,这是搏击运动员所需要优先训练的部分。

★ 2. 斜方肌下部对抗斜方肌上部,起下沉肩膀的作用。

★ 3. 斜方肌中部将肩胛骨紧密联系在一起。

斜方肌的分布

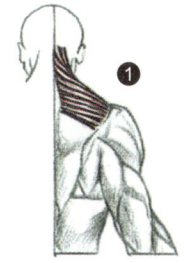
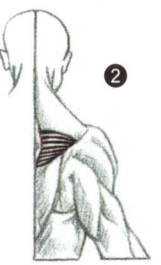
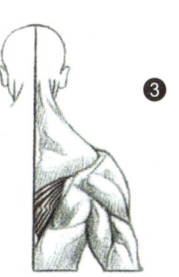
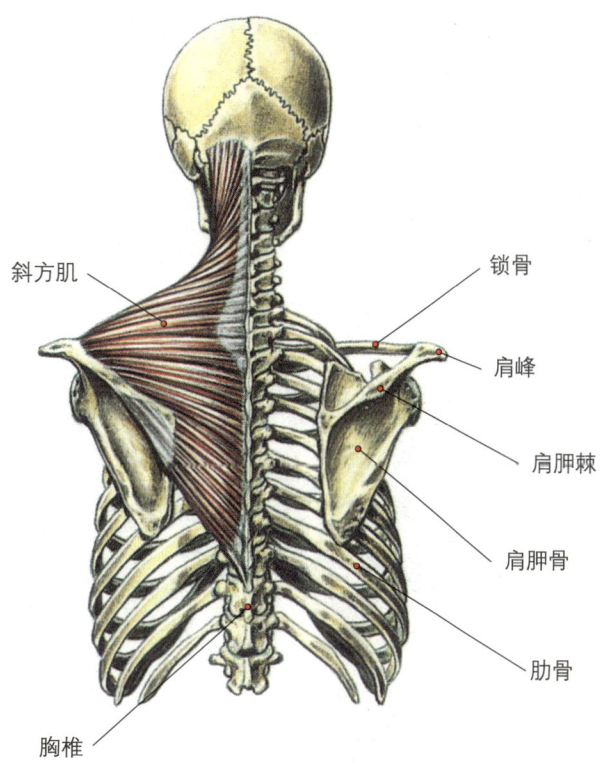

❶ 斜方肌上部   ❷ 斜方肌中部   ❸ 斜方肌下部

耸肩

这个动作孤立刺激的目标为斜方肌上部。

站姿，手臂伸直于身体两侧，紧握两个哑铃、壶铃 ❶ 或者使用耸肩训练器。

尽可能高地将肩膀上抬至斜方肌将要与耳朵接触的位置 ❷。保持这个姿势1秒钟的时间再下沉肩膀。在肌肉拉伸过程中需要确保颈部没有任何噼啪的响声（出现杂音证明颈椎出现轻微的移位现象）。

注意事项：

在动作训练开始阶段要避免手臂弯曲。相反，在动作末端，为了尽可能高地抬起肩膀，你可以轻微弯曲肱二头肌 ❸。

❶ ❷

❸

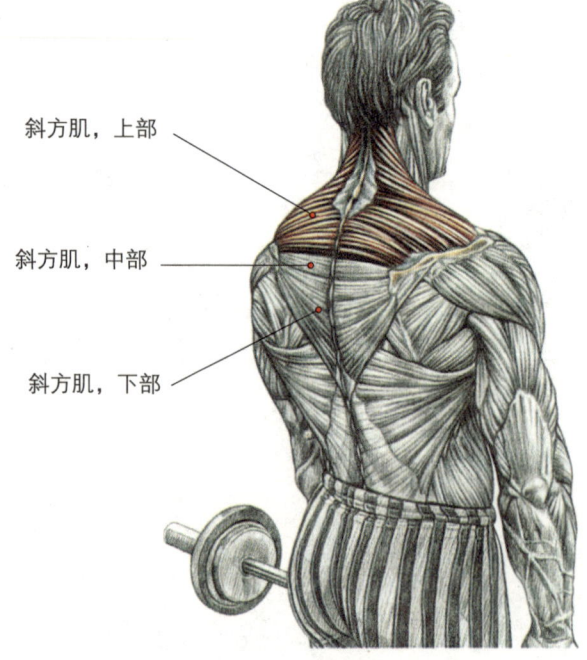

Ⓑ 体前杠铃耸肩，双手正握

斜方肌，上部
斜方肌，中部
斜方肌，下部

66

动作变化

🅐 使用哑铃：你可以使用体前或体后的姿势，从不同角度来对斜方肌发起训练。

🅑 使用杠铃：你可以使用体前（双手正握）或者体后（双手正握或反握）的姿势。

🅒 使用器械：分开双手，通过调整不同的握距，从不同角度来对斜方肌发起训练。

🅓 为了避免杠铃的晃动，我们可以在固定运动轨迹的器械上进行耸肩训练。

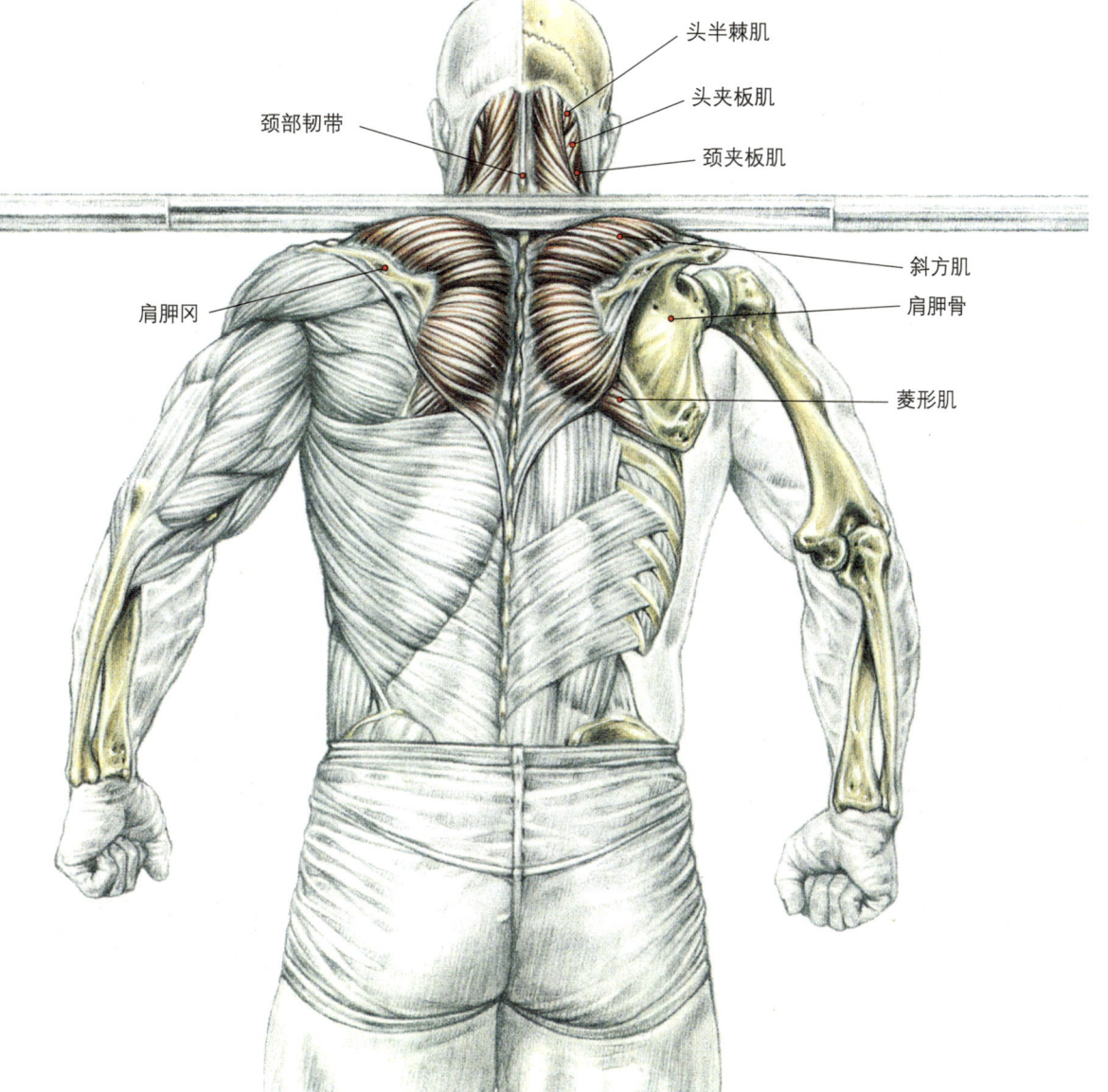

🅓 德拉威尔式耸肩

D 史密斯耸肩训练姿势

传统的耸肩训练与德拉威尔式耸肩间最大区别，在于后者会优先刺激位于肩胛冈的斜方肌上部肌肉纤维。而传统的耸肩训练目标则为位于锁骨的斜方肌上部肌肉纤维。

优点：

训练直接刺激斜方肌。

唯一干扰的因素在于当训练负荷增加时，双手的握力会逐渐丧失。此时使用拉带（类似于柔道运动所使用的腰带）可以很好地解决这个问题 ❶❷❸。

缺点：

大量的重复斜方肌上部训练会有损害大脑的风险，因为斜方肌上部与颈椎较为临近，所以一定要在刚接触训练时十分谨慎和小心。

⚠ **风险**

因为这个动作可以拉起很大的重量，所以腰部有受较大压力和受伤的风险。注意，要避免在负荷过大时损伤背部。

❶

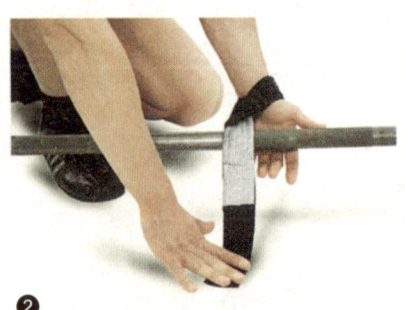
❷

❸

使用拉带可以增强握力。

腹部肌群

在搏击运动中，对于腹部肌群的要求要远高于其余的运动项目，因此：

→ 强壮坚硬的腹部肌群，在你受到击打时有助于保护内脏器官的健康；

→ 高水平的腹部肌群是连接上下身的坚实桥梁；

→ 增强腹部力量与耐力可以很好地强化你的击打能力，优秀的柔韧性和移动能力还可以帮助你躲闪过对手的攻击，即使它本身受伤病困扰也可以帮助你。

由此看来，搏击运动员需要从不同角度来刺激腹部的不同肌群。不能有忽略任何部位的训练问题，否则都不利于搏击水平提高的最大化。

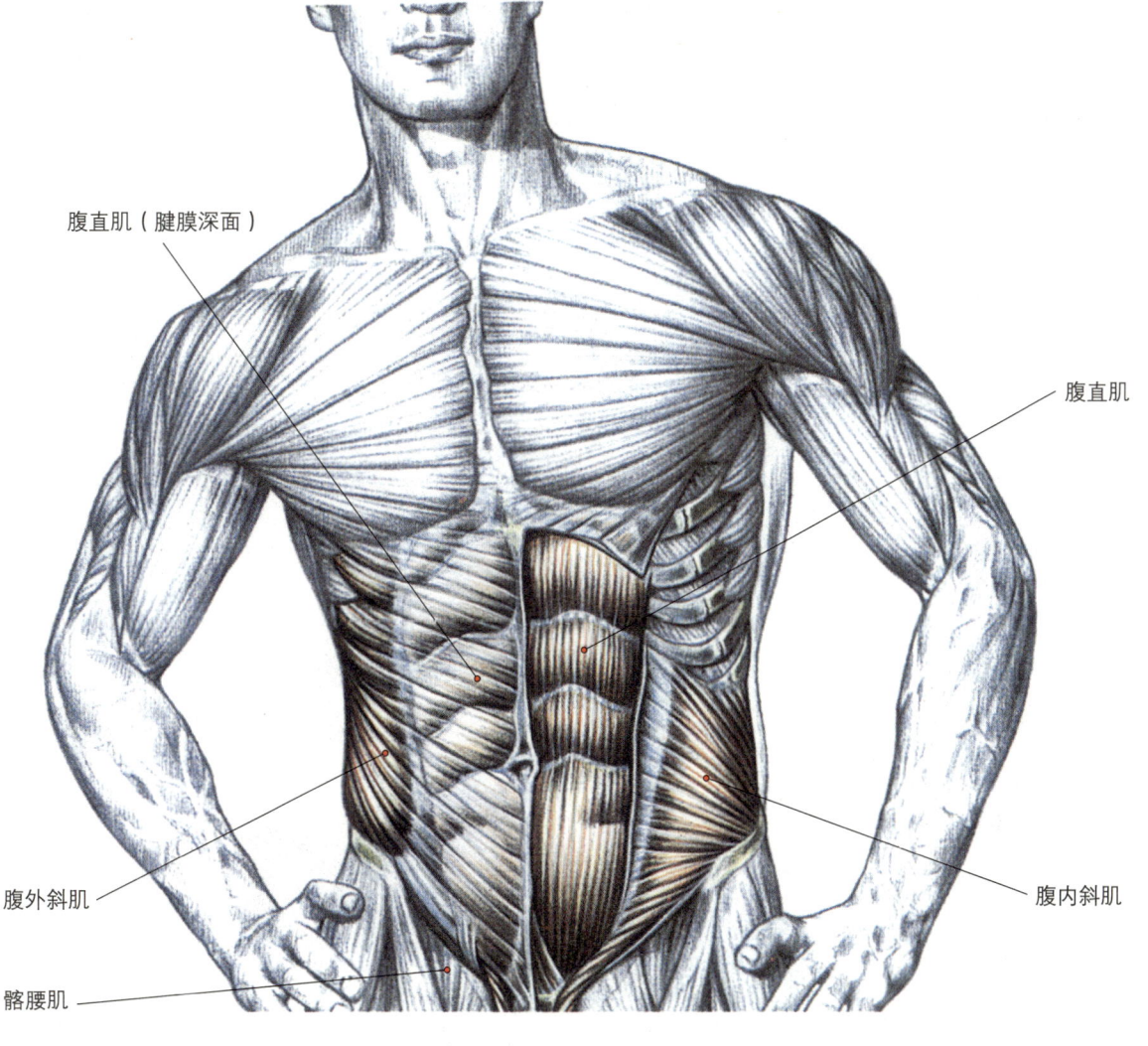

腹部肌肉结构以及内脏器官系统

四足动物的腹部肌肉像吊床一样支撑脏器，其运动相对有限。人类两足站立，在直立时其腹部肌肉加强了骨盆与躯干的连接，可以防止行走或跑步时躯干过度倾斜，并成为内脏器官强有力的保护装置。

❶ 腹直肌
❷ 腹外斜肌
❸ 腹内斜肌
❹ 腹横肌

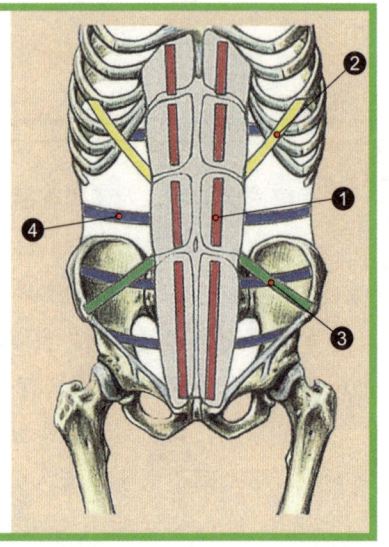

仰卧起坐

这个动作孤立刺激的目标为腹部肌群与屈髋肌群。

对于搏击运动员的价值

★ 强化腹部肌群，提高对身体的保护。

★ 发展屈髋肌群，是腿击与膝击力量的来源（见第94页）。

躺在地面上，双腿弯曲，双脚紧贴地面，身体固定于器械、体操把杆或者训练搭档手臂中，双手置于耳朵两侧❶。

抬起肩膀以便让上半身完全离地。

快速卷曲身体，直到上半身与大腿接触❷。

身体回落到起始姿势后再进行重复训练，注意不要发力过猛！

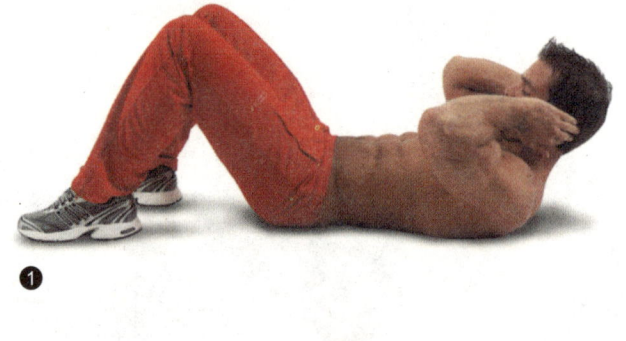

注意事项：

手的位置影响着训练动作的难度。按难度由高到低排列，你可以采取双手向后伸直的姿势 ❸。当肌肉疲劳时，将双手放在肩膀上以便完成更多的重复次数。同样，你还可以模仿击拳的姿势进行训练。

补充：

肌肉收缩时呼气，肌肉放松时吸气。

变化：

🅐 为了增加训练强度，可以将圆形杠铃片置于头后或者将哑铃置于胸前。

🅑 与其一直在地面上训练，不如你在下斜训练椅上固定双脚，进行仰卧起坐训练。双脚固定的位置越高，训练难度越大。

🅒 躺在一个或者半个健身球上进行训练，可以增加训练的动作幅度。

🅒 使用训练椅进行腹部训练的姿势

🅒 使用半个健身球进行腹部训练的姿势，双脚由训练搭档固定住。

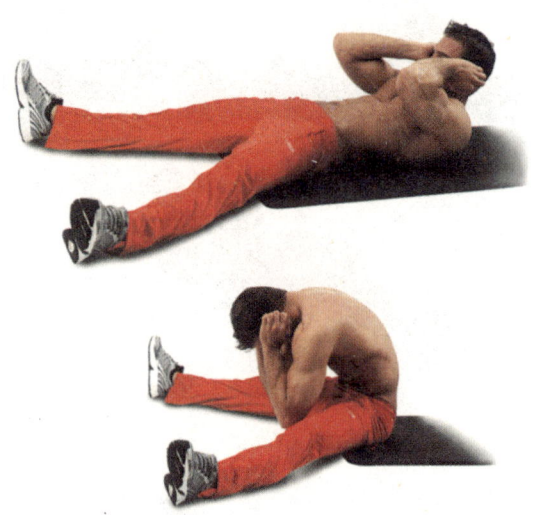

Ⓓ 腿部伸直时的腹部训练姿势

Ⓔ 仰卧起坐，蹲起：由平躺在地面的姿势开始，依靠部分手臂的力量进行仰卧起坐。随着训练时间的推移，试着尽可能地减少手臂的借力。

每一次仰卧起坐都尽可能快速完成，以便身体以最快的速度变为搏击姿势。

Ⓓ 与弯曲双腿至90度进行仰卧起坐不同，有部分训练者更喜欢双腿伸直时进行训练，双脚分开，这会增加屈髋肌群在运动中所扮演的角色。

优点：

仰卧起坐是训练腹部肌群与屈髋肌群最全面的训练动作。

Ⓔ 仰卧起坐，蹲起训练姿势

缺点：

随着屈髋肌群发力的增加，腰部受到的考验也就越大。如果你的腰椎间盘有痛感，还是不要选择此动作。

⚠ **风险**

注意，不要让背部拱起。相反，尽可能让身体呈圆形可以很好地保护腰椎健康。

器械卷腹

这个动作孤立刺激的目标为腹部肌群，特别对于腹直肌上部的刺激尤为明显。

价值：

★ 可以帮助你更好地将对手锁在地面上。

★ 增加身体对抗时的力量水平。

站姿，高滑轮位于颈后，使用绳索连接手部与高滑轮 ❶。用力向前倾斜上半身，如同将对手向前摔倒时的技术动作 ❷。下降身体幅度至少达到50厘米，然后重新回到训练起始姿势。

变化：

Ⓐ 跪姿，高滑轮位于颈后，使用绳索或肱三头肌训练杆连接手部与高滑轮。卷曲上半身以便让背部向前倾斜，如同将对手锁在地面上的技术动作。保持这个姿势进行10秒钟的顶峰收缩，然后重新回到训练起始姿势。

Ⓑ 仰卧在地面上。

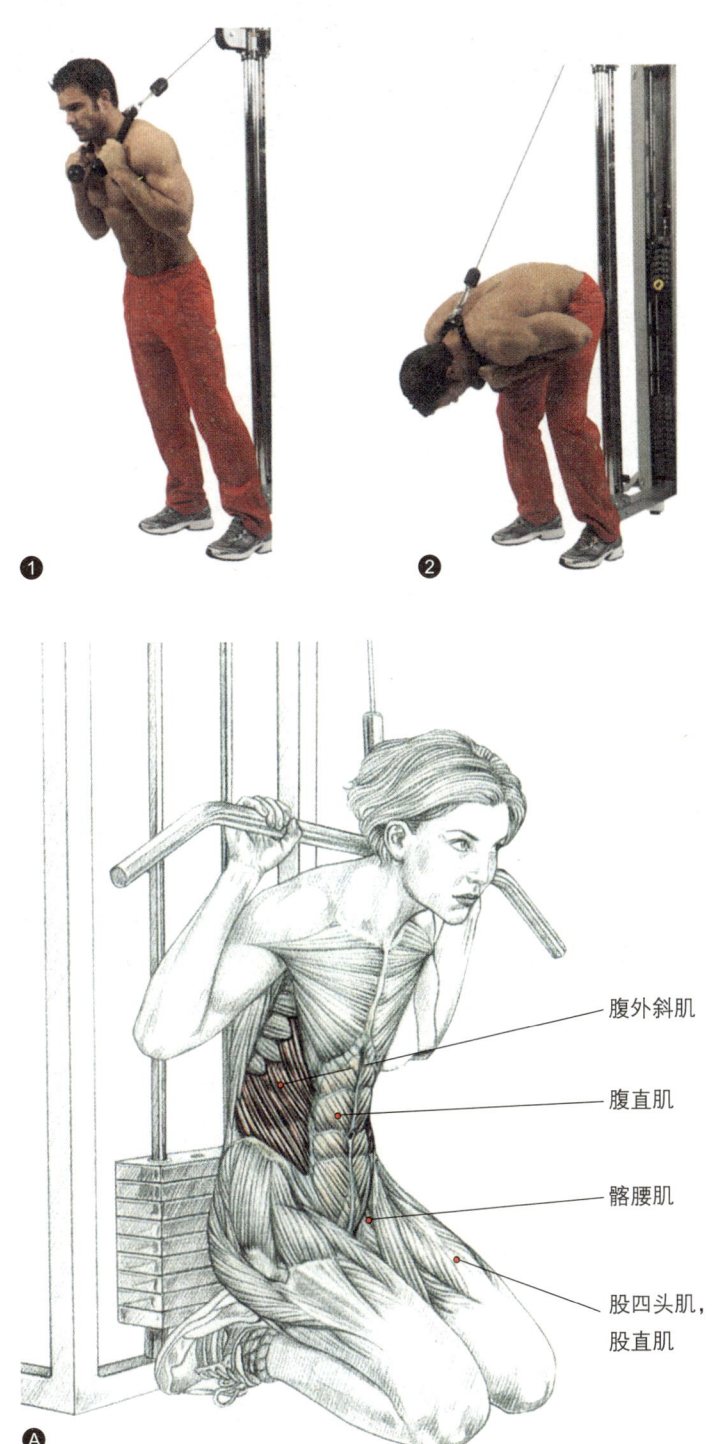

腹外斜肌

腹直肌

髂腰肌

股四头肌，股直肌

Ⓔ 仰卧时的器械卷腹训练姿势

低滑轮位于头后，使用绳索连接手部与低滑轮，将其置于左肩与颈部之间。按照对角线的运动轨迹拉动滑轮，如同你挣脱对手束缚时的技术动作。抬起左侧身体至少30厘米，然后再重新回到训练起始姿势。当左侧训练结束后，立即开始右侧的相同训练。

注意事项：

对于这三种不同的姿势，确保背部轻微向前拱起，但不要让下背部呈现弓形。

优点：

使用滑轮进行训练可以确保训练动作的标准性。腹部肌群可以受到完全不同的刺激，根据技术使用不同可以分为两大类（爆发力训练方式，如动作 Ⓑ；静力训练方式，如动作 Ⓐ）。

缺点：

当训练负荷提升以后，身体便较难被固定在地面上，上半身运动的轨迹也更难控制。这对于搏击运动是有一定限制性的。

⚠ 风险

如果你的训练姿势不受自己本人所掌控，反而受高负荷的训练重量控制，不仅你的训练毫无意义，更会有受伤的风险。

转体卷腹

这个动作孤立刺激的目标为腹内斜肌、腹外斜肌以及腹直肌。

价值：

★ 通过提高腹部肌群的水平，增加击拳时的力量。
★ 增加力量，以便更轻易挣脱对手的束缚。

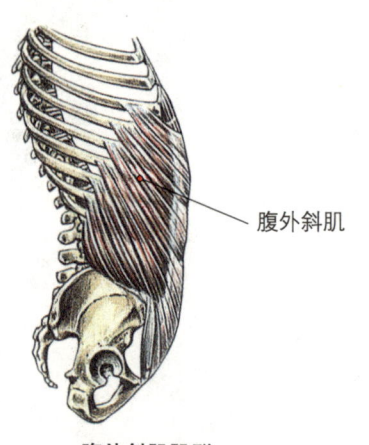

腹外斜肌肌群

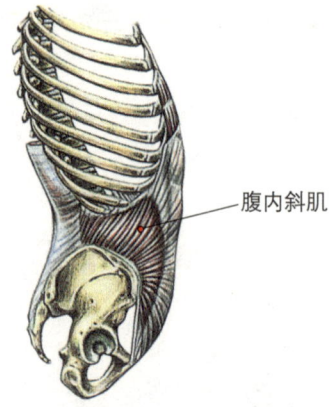

腹内斜肌肌群

仰卧在地面上，腿部弯曲，双脚固定于器械、体操把杆或训练伙伴 ❶，双手置于耳朵附近或握住一根训练棍，向右侧卷起上半身，右肘同时向左膝处运动 ❷。向左侧转体训练完成后，立即向右侧进行相同训练。

变化：

Ⓐ 为了增加训练难度，使用下斜训练椅进行训练。同样，你也可以使用负重进行下斜转体卷腹，继续增加训练难度。

Ⓑ 仰卧在一个或半个健身球上，可以增加动作的训练幅度。

Ⓐ 使用重球时的下斜转体卷腹训练姿势

Ⓑ 使用半个健身球时的转体卷腹训练姿势

Ⓑ 有训练搭档配合时进行健身球转体卷腹的训练姿势

ⓒ 为了增加训练负荷，你可以使用弹力带或滑轮器械进行辅助。它们可以通过高度的变化，来调整不同的发力方向。

优点：

转体卷腹训练是搏击运动员不可或缺的好帮手。

缺点：

因为需要分别完成左右两侧的训练，所以会消耗更多的训练时间。

⚠ 风险

为了避免腰椎间盘的不适，你需要特别注意以下两个问题：

→ 不要让身体旋转幅度超过30厘米；

→ 不要让下背部呈现弓形。

ⓒ 使用弹力带

ⓒ 使用滑轮

转体卷腹训练在搏击运动中的重要性

所有的击拳动作都是由旋转上半身所获得的力量完成的。因为击拳的动作起始姿势是躯干向后拉伸进行力量的积蓄，所以训练负责旋转身体的肌群对于提高搏击能力意义重大：

→ 增加旋转力量，提高击打效果；
→ 提高挣脱对手束缚的能力；
→ 预防肌肉损伤，该区域是极易受伤、较为脆弱的。

你需要通过肢体的两端来强化旋转能力：

→ 上半身负责旋转而腿部保持固定；
→ 腿部负责旋转而上半身被锁住。

这是搏击运动中常见的两种情况。第一种情况出现多为站姿，当然也有一部分仰卧在地面上的概率，你可以通过上半身的发力来让自己旋转。第二种情况出现多为仰卧在地面上，你可以通过腿部的发力来制服对手。

悬垂转体卷腹

这个动作孤立刺激的目标为腹斜肌肌群。

价值：

★ 让你习惯借助腿部的力量来挣脱或制服对手。

你可以悬垂在训练器械上，双手正握（大拇指与其余四指相对），握距比肩膀略宽。腿部伸直，将双脚尽可能抬高，脚尖指向天花板❶。腹斜肌发力，向一侧摇摆髋部❷。注意旋转幅度不要超过90度，然后重新回到训练起始姿势。一侧训练完成一次后，立即开始另一侧训练，如此循环往复❸。

变化：

Ⓐ 你可以保持腿部伸直（训练难度极高）或者卷曲小腿至大腿下方（训练难度降低）。

Ⓑ 如果你使用悬垂器械难度较大，同样可以在地面上进行替代训练。这样可以增加身体的平衡性，并且借助一部分手掌的力量。

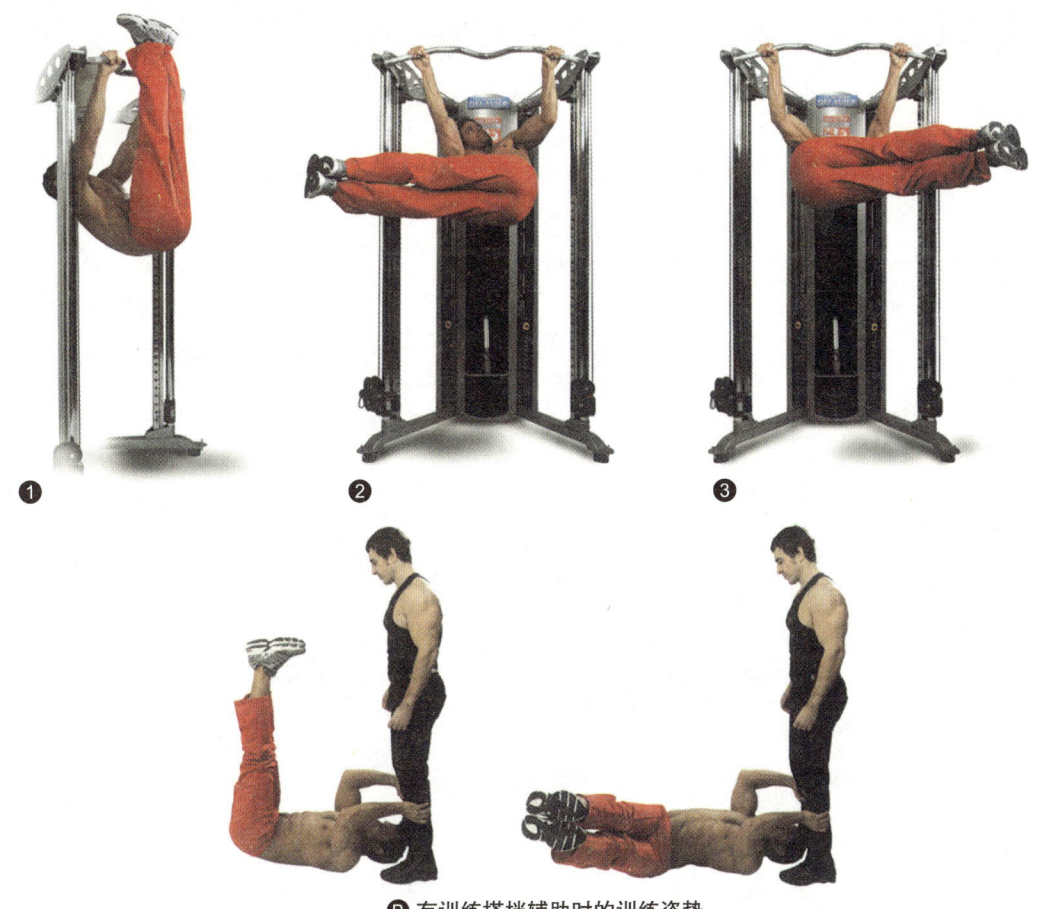

Ⓑ 有训练搭档辅助时的训练姿势

🅒 当你的训练水平提高后，可以将一个重球放置在自己的双腿中间。这不仅会让训练动作的难度增加，更会让你的内收肌群受到一定刺激。有利于模仿当上半身被固定后，如何制服对手的发力方式。

🅒

优点：

除去腹斜肌外，手臂与大腿也提供一部分力量以维持身体平衡，这是一个需要多个肌肉群协调发力的训练动作。

缺点：

不要过大幅度地旋转身体。

⚠ 风险

如果你的背部有伤病，不要进行这些旋转类的训练动作。

静力桥训练

这个动作孤立刺激的目标为腹部肌群，训练方式为等长训练。

价值：

★ 提高腹部肌群肌肉硬度，并且增加力量耐力水平。

身体俯卧，面部朝向地板，通过手肘与脚尖支撑身体，与地面平行，保持这个姿势至少30秒钟 ❶。

注意事项：

如果采用手掌支撑身体的方式让你感到不适，可以采用握拳的姿势（只让小拇指与地面接触）。如果头部的重量同样让你感到不适，你可以将头部低下去以减轻重量。使用瑜伽垫可以帮助你消除前臂无意义的酸痛感。

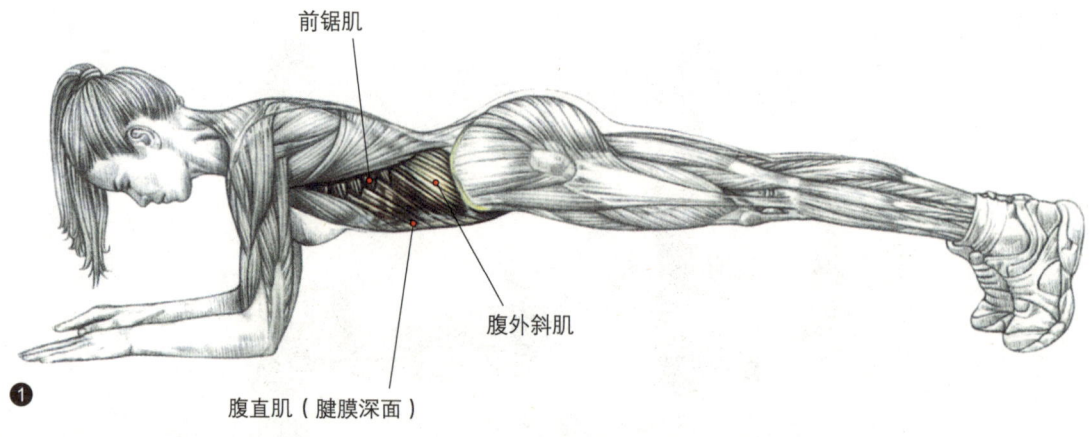

前锯肌

腹外斜肌

❶

腹直肌（腱膜深面）

变化：

Ⓐ 为了增加训练难度，可以让训练搭档在你的臀部放置一个杠铃片或者直接坐上去。在这种情况下，注意不要让背部呈现弓形。

Ⓑ 同样的训练动作也可以换为单侧训练，这样可以特殊强化腹斜肌的力量。如果在刚开始时这个动作难度较大，你可以使用非支撑手进行支撑，保持身体平衡。

优点：

这个训练动作不需要人和器械的辅助，并且不用消耗较多的训练时间。你可以找几个训练搭档比比看谁坚持的时间更长……

缺点：

静力收缩训练并不是腹部肌群训练的全部，它无法代替我们在本章所介绍的其余训练动作，不能有只训练这一个动作即可完成所有腹部训练的观点。

⚠ 风险

背部如果呈现弓形，极有可能损伤你的腰椎间盘。虽然短暂的抑制呼吸可以让你的训练变得轻松，但也不要忘记了呼吸的重要性！如果你感受到在动作训练时自身的呼吸出现困难，应当立即进行多次的吸气。

Ⓐ 借助杠铃片

Ⓐ 借助训练搭档的体重

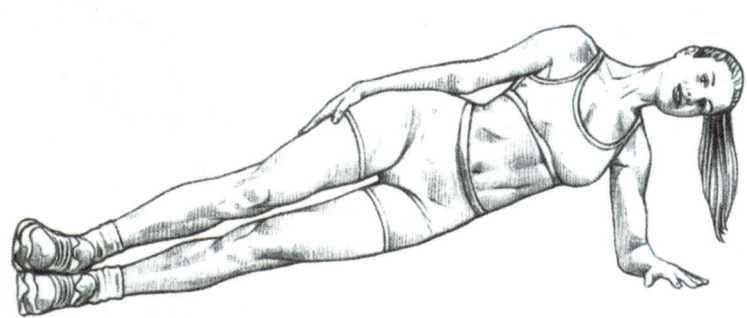

拳击与肘击

做出一次拳击需要调动全身肌肉的力量。除去技术因素外，一次拳击的击打效果主要受肌肉爆发力，特别是不同肌群（腿部、旋转上半身肌群以及手臂）的配合所决定。

这一章的内容主要针对技术、爆发力以及配合能力这三大决定性因素的后两者进行讲解的。

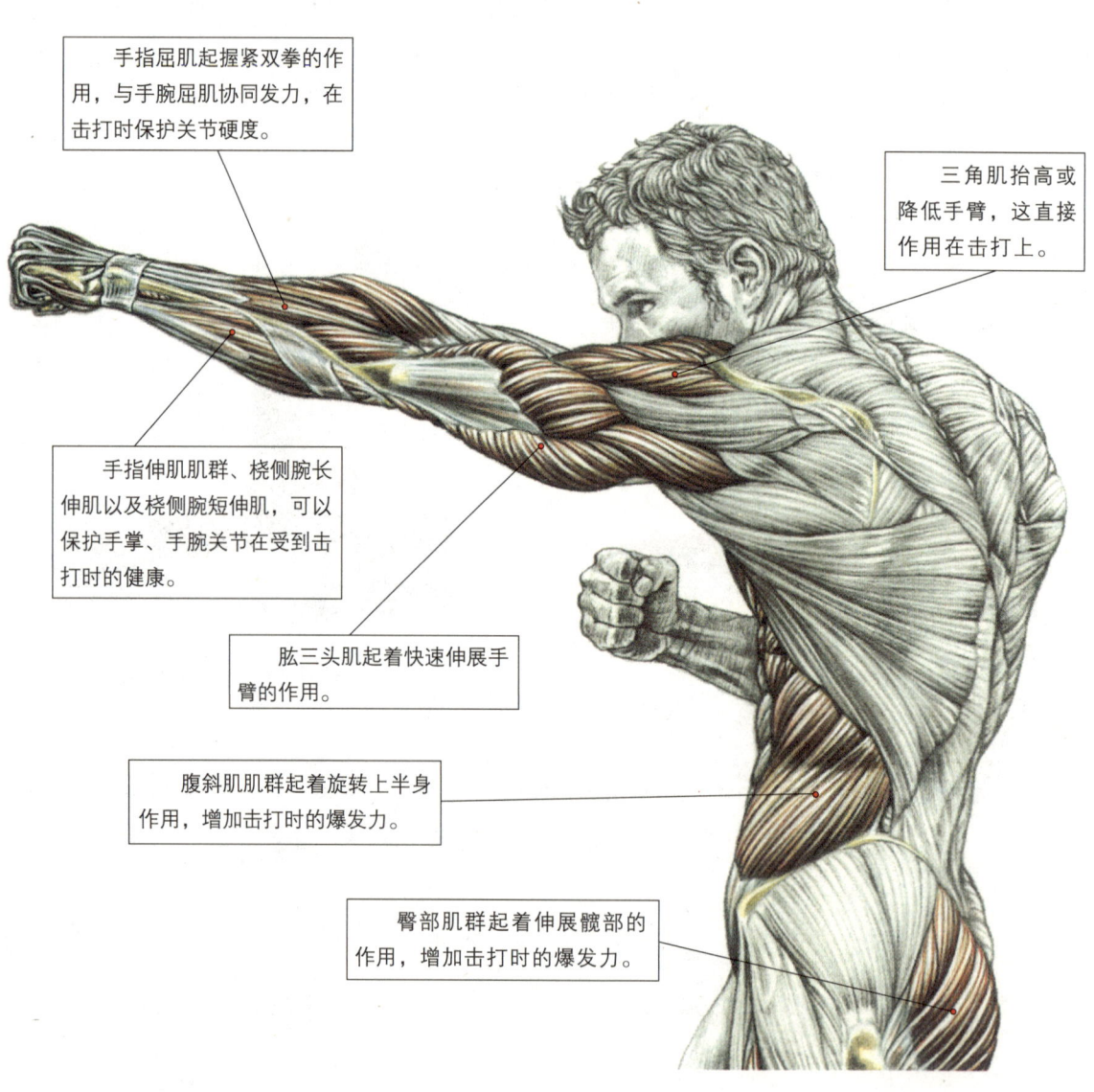

手指屈肌起握紧双拳的作用，与手腕屈肌协同发力，在击打时保护关节硬度。

三角肌抬高或降低手臂，这直接作用在击打上。

手指伸肌肌群、桡侧腕长伸肌以及桡侧腕短伸肌，可以保护手掌、手腕关节在受到击打时的健康。

肱三头肌起着快速伸展手臂的作用。

腹斜肌肌群起着旋转上半身作用，增加击打时的爆发力。

臀部肌群起着伸展髋部的作用，增加击打时的爆发力。

增长爆发力

卧推，窄距

这个复合动作刺激的目标为肱三头肌肌群、胸部肌群与三角肌肌群。

价值：

★ 能够强化上半身所有肌肉，提高拳击与捶击时的爆发力。

★ 增强力量，以便在同对手进行地面缠斗时可以将其推开。

躺在卧推训练椅上，使用自由重量或史密斯机。双手正握杠铃（拇指与其余四指相对），握距与斜方肌同宽 ❶。如果握距过宽，会导致力量瞬间增长速度过快，而训练动作本身却对于搏击运动无任何帮助，因为我们极少有双手间隔较宽击打对手的状况。下降杠铃至胸上，然后使用爆发力推起杠铃至手臂伸直。

注意事项：

双手握距越窄，手肘越向外，肱三头肌参与训练的比

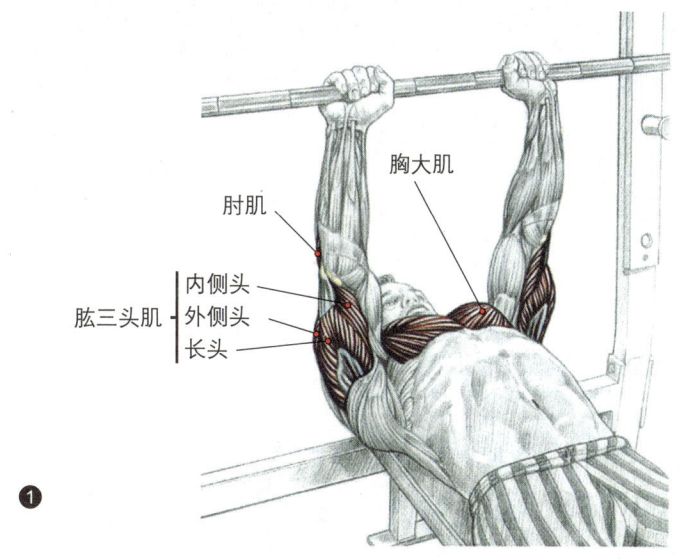

❶

例越大。

变化：

Ⓐ 与其连续进行卧推训练，不如选择在每一次卧推的最低端，即触胸后停留于胸上至少3秒钟（或更多），再发力推起杠铃。这种肌肉收缩的节奏与搏击运动的发力相仿，可以使用较大的负荷进行训练。

Ⓑ 半程窄握卧推，训练目标仅为该动作的上半段（即手臂伸展阶段），对于肱三头肌的刺激程度要高于传统的卧推训练。这种动作变化可以更直接地提高击打水平，类似捶击技术。在这种情况下，击打时的爆发力基本上来源于肱三头肌的力量。

这些攻击技术都是来源于肱三头肌的伸展，因此半程窄握卧推可以很好地增长击打时的力量。

Ⓒ 为了训练击打比自己身材较矮小对手的能力，或者在地面上给予对手致命一击，你可以使用下斜椅进行下斜卧推训练。

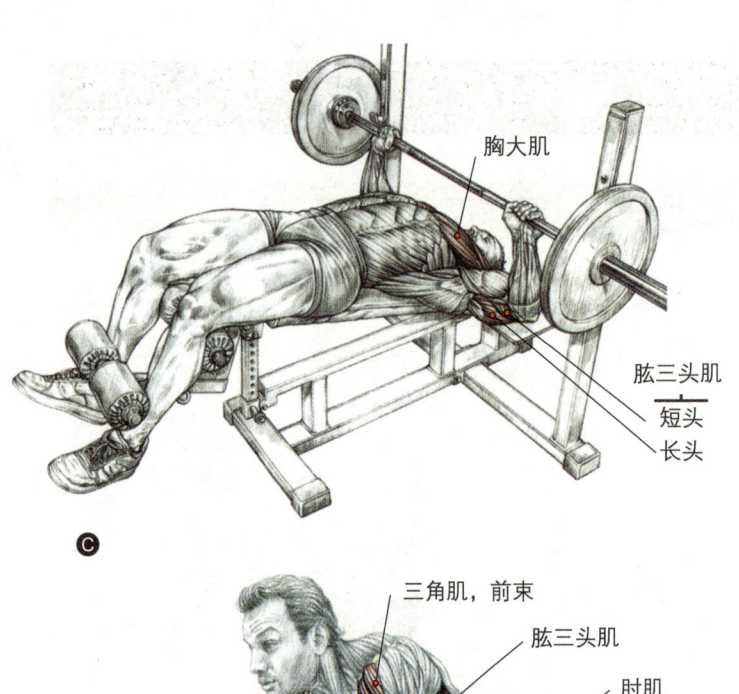

D 为了训练击打比自己身材较高大对手的能力，或者增加上击时的力量，你可以使用上斜椅进行上斜卧推训练。

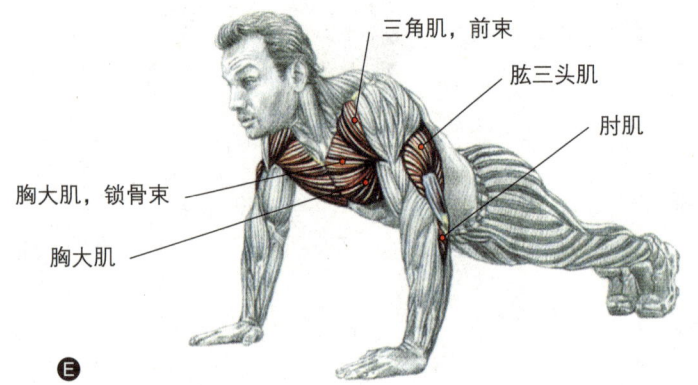

E 窄握卧推可以变形为俯卧撑。相比与卧推，后者最大的优点在于肩胛骨并没有被训练椅所固定。前锯肌肌群会较多地参与到运动中，以起到保持身体平衡的作用。前锯肌在搏击运动中起到帮助手臂向前发力的作用。这会直接增长拳击时的爆发力。如果你的力量不足以完成全程的俯卧撑训练，或者你想更加针对前锯肌进行刺激，可以使用半程的俯卧撑进行替代，手臂伸直，夹紧肩胛骨。

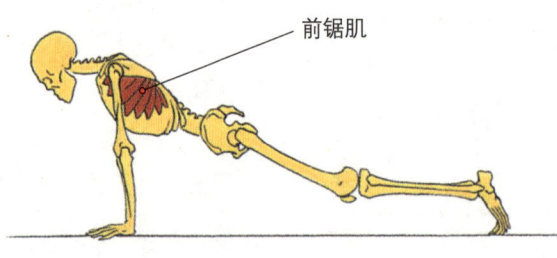

F 与其在训练椅上进行卧推训练，不如躺在地上用塑料垫微微垫起身体，以便让腿部更好地参与到训练中。这种动作变化的目的在于模仿搏击运动中，自身处于地面防守时的状态，背部紧贴地面。为了增加训练动作的难度，还可以将重球置于双腿中间，这同样会给予腿部一定的刺激。

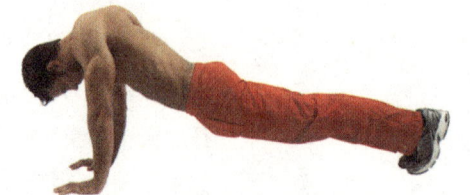

E 半程俯卧撑，针对前锯肌刺激更强

因为，在地面上进行训练时，手臂一直是与腿部协调工作的。

优点：

这并不是一个特别针对搏击运动的训练动作。不过它对于刚接触肌肉力量训练的初学者是非常有用的，它可以帮助你快速地获取上半身的肌肉与力量。

缺点：

我们很少有双手同时作出击打的情况，特别是肩胛骨被训练椅锁定时，这种情况更是十分少见。在掌握窄握卧推训练的方法之后，你需要进入到更适合提高击打能力的肌肉力量训练中，我们将在接下来的文图中进行详细介绍。

⚠ 风险

如果你的身材越高大，胸部肌群与肩关节的受伤风险也就越高。

弹力带或滑轮训练拳击与捶击能力

这个复合动作训练的目标为肱三头肌肌群、胸肌肌群、前锯肌肌群、肩部肌群、腹斜肌肌群、腿部肌群与小腿肌群。

价值：

★ 同时提高肌肉水平与爆发力，通过四大支点的协调训练，提高拳击力量：腿部支撑（小腿、股四头肌、臀部）+旋转上身（腹斜肌）+肩膀前移（前锯肌、三角肌、胸肌）+手臂伸展（肱三头肌）。

站姿，将高滑轮或弹力带置于颈后 ❶。保持立正姿势用力向前挥拳 ❷，然后重新回到训练起始姿势。

不要连续机械性地进行击打训练。在两次击打间采取间歇停留1~2秒钟。当你结束了一侧手臂的训练后，转为对另外一侧手臂进行训练，中间不要休息。

注意事项：

最理想的训练方法是真正的击打一些物体（如半个健身球 ❸。）而不是单纯的击打空气。

❶

❷

❸

补充：

这是一个要求爆发力充分释放的动作。出拳速度要优于训练负荷的大小。

变化：

Ⓐ 改变肘部的方向，以便训练不同的拳击技术，而不是单纯只训练其中一种。

Ⓑ 使用低滑轮可以训练你的上击能力。

Ⓒ 使用两条弹力带进行左右手臂的轮流训练，可以提高随机性击打的能力。

Ⓓ 身体略微向前，模仿击打地面上对手时的能力。

Ⓔ 与其选择站姿，不如采用跪姿进行击打，以提高地面砸拳的能力。

Ⓒ 跪姿拳击训练姿势

Ⓕ 还是采用跪姿，利用肘部做出击打，模仿肘击地面上对手时的能力。

Ⓕ 跪姿肘击训练姿势

优点：

弹力带或滑轮所带来的训练轨迹十分优秀，如果是使用哑铃，只能够给你的肩部带去刺激。

缺点：

肌肉放松阶段被省略，因此我们同样需要进行无负重的拳击练习，如击打沙袋。

⚠ **风险**

肩关节在这种训练方式中受到极大的考验，因此在拳击训练前你需要进行充分的热身。你可以使用"自动织布机"训练动作，将弹力带或滑轮置于与腰部同高的位置，进行热身练习。

使用滑轮时的"自动织布机"热身练习姿势

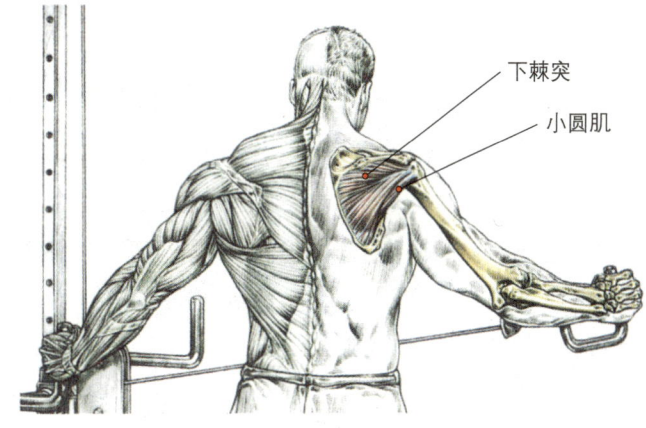

下棘突
小圆肌

"自动织布机"是非常好的肩关节热身训练动作。

重球投掷训练

这个复合训练动作刺激的目标为肱三头肌肌群、肩部肌群以及腹部肌群。

价值：

★增加拳击时的爆发力。

在进行仰卧起坐训练（见第70页）时，如果加上重球，训练效果会成倍增加。将重球置于胸上❶。

举起上半身后充分释放爆发力将球掷出❷。注意，一定要在上半身触碰膝盖前将球掷出。

训练搭档站立在你的双脚上，以便能够接住重球，并且在上半身下降前将重球重新掷还与你。

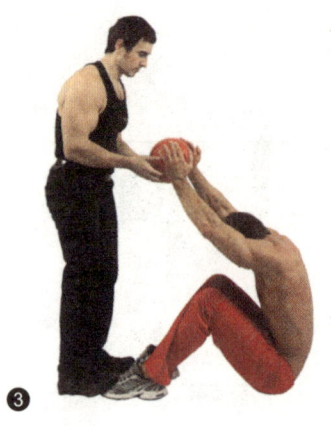
❸

力量训练中被重视起来。

变化:

在训练中，与其正直方向地将重球掷出，不如采用旋转上身的方法将重球向左侧或右侧掷出。理想的训练方法是让自己的训练搭档在每次投掷过程中都做出移动，这样可以在每次重复训练过程中刺激不同的腹斜肌部位。

优点:

这个训练动作本身极具趣味性的，更可以增长你的爆发力。

缺点:

你理应采取站姿而非仰卧的训练姿势，并且其对于腹部肌群刺激相对较少。

⚠ 风险

避免背部呈现弓形，即便是这样也可以让你保持在投掷时的身体平衡度。

旋转训练时的姿势

注意事项:

训练搭档应当通过手递手的方式将重球还与你❸。不要将重球用力掷向你，以避免训练重心出现偏差，导致肌肉训练与肌肉恢复时间增长。对于搏击运动而言，在拳击时是没有被动发力的情况的。这种身体运动的特性也应当在肌肉

前臂肌群肌肉力量训练

为了避免拳头在击打时出现变形现象，你需要提高前臂屈伸肌群，以便强化手腕硬度。注意，在击打时腕关节的硬度并不意味着柔韧性的丧失。你需要的仅仅是当拳头击中对手的一刹那由前臂肌群所释放出的力量，预防手腕的微小移动。如果腕关节受损，你所做出的击打是没有任何效率的。因此，你需要围绕以下两种训练类型进行强化训练：腕屈伸与腕弯举。

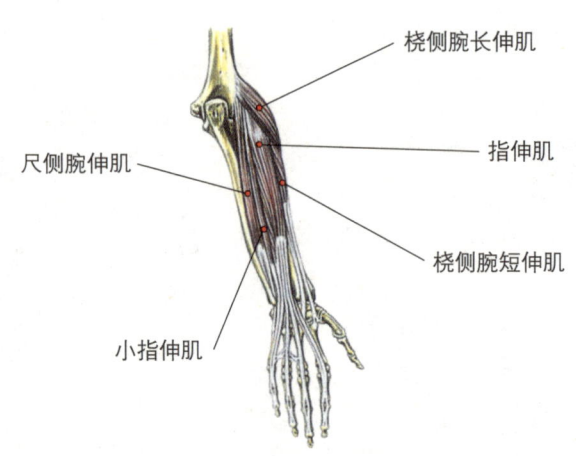

腕屈伸

这个动作孤立刺激的目标为前臂外侧肌群。

价值：

★ 强化伸肌肌群硬度，以避免手腕在击打时出现向内变形的现象。

采用坐姿，使用杠铃（直杆或曲杆）或哑铃，双手正握（拇指与其余四指相对）❶。将前臂放到大腿上，手腕悬空❷。前臂肌群发力将手腕举起❸。保持这个姿势进行1秒钟的顶峰收缩后缓慢下降手腕。

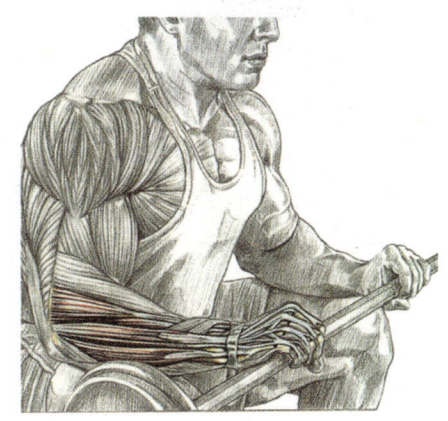

❶

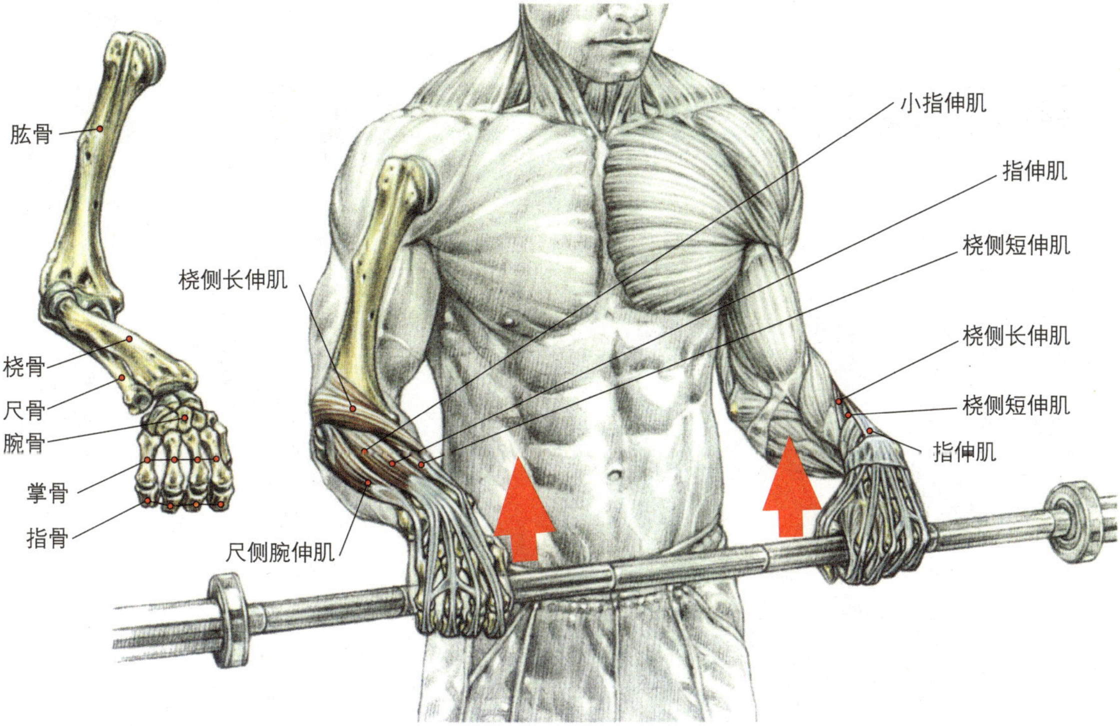

肱骨
桡侧长伸肌
桡骨
尺骨
腕骨
掌骨
指骨
尺侧腕伸肌

小指伸肌
指伸肌
桡侧短伸肌
桡侧长伸肌
桡侧短伸肌
指伸肌

腕屈伸训练姿势

❷

❸

❹

注意事项：

　　手臂越伸直，力量需求越大。

优点：

　　伸肌相比屈肌而言要更弱一些。腕屈伸可以保护腕关节，这对于搏击运动员是最重要的。

缺点：

　　大部分训练者在使用直杆进行训练时会感受到不适。

　　注意，不要过猛地让手腕发力。可以选用一个曲杆 ❹。

　　确保拇指的位置相对小指更高，以避免手腕变形。

⚠ **风险**

　　不要让伸肌过度伸展，这会有损腕关节的健康。

腕弯举

手腕屈肌肌群

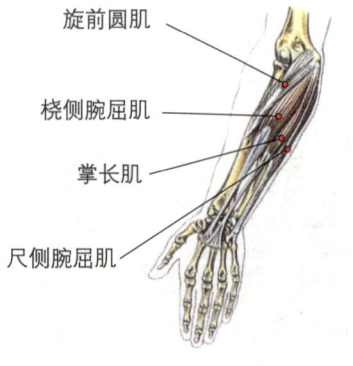

旋前圆肌
桡侧腕屈肌
掌长肌
尺侧腕屈肌

浅层

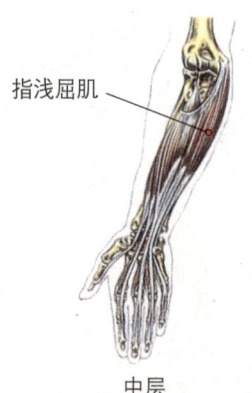

指浅屈肌

中层

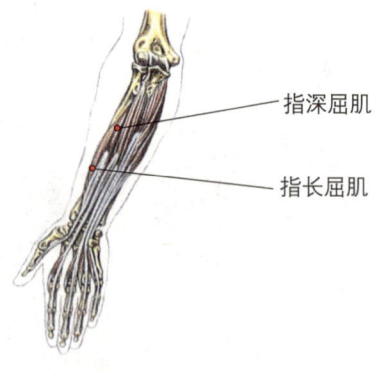

指深屈肌
指长屈肌

深层

　　这个动作孤立刺激的目标为前臂内侧肌群。

价值：

　　★ 强化击打时手腕的硬度，增加屈肌肌群的力量。

　　强壮有耐力的屈肌会帮助你更有效率地制服对手。

坐姿，使用杠铃（直杆或EZ杆）或哑铃，双手反握（拇指向外）。将前臂放到大腿上，手腕悬空 ❶。前臂肌群发力将手腕尽可能高地举起 ❷。保持这个姿势进行1秒钟的顶峰收缩后，缓慢下降手腕。

注意事项：

手臂越弯曲，训练所需要的力量越大。

变化：

Ⓐ 腕弯举可以通过站姿的方法，将杠铃置于体后，双手全握（拇指与其余四指相对）来完成。这种动作变化相对手腕受伤的风险较小，你可以使用较大的负荷重量。

Ⓑ 依旧是将杠铃置于体前或体后的位置，注意不要握紧拳头，而是仅以四指抓住杠铃，拇指悬空进行腕弯举训练。这种动作变化可以一次性训练屈肌肌群的深层与表层肌肉。

优点：

腕弯举可以提高你的握力。

缺点：

屈肌肌群相对要比伸肌肌群强壮不少。因此，腕弯举在保护前臂的重要性上较腕屈伸要逊色不少。

⚠ 风险

注意，在肌肉伸展阶段避免过大的运动幅度。

Ⓐ

Ⓑ

强化根基力量

半蹲

这个复合动作刺激的目标为股四头肌肌群、臀部肌群、腘绳肌肌群、腰部肌群以及小腿肌群。

价值:

★ 腿部肌群好比根基,根基越牢固,对于拳击的威力提高也就越大。

★ 深蹲可以增加拳击时的爆发力或者膝击时的跳跃能力。

★ 在站姿的对抗接触中,大重量的深蹲训练可以帮助你更具备身体优势,并且能够通过自身的力量将对手制服。

★ 通过对于臀部肌群以及腘绳肌肌群的刺激,深蹲可以改善你的回旋踢或重踢的能力。

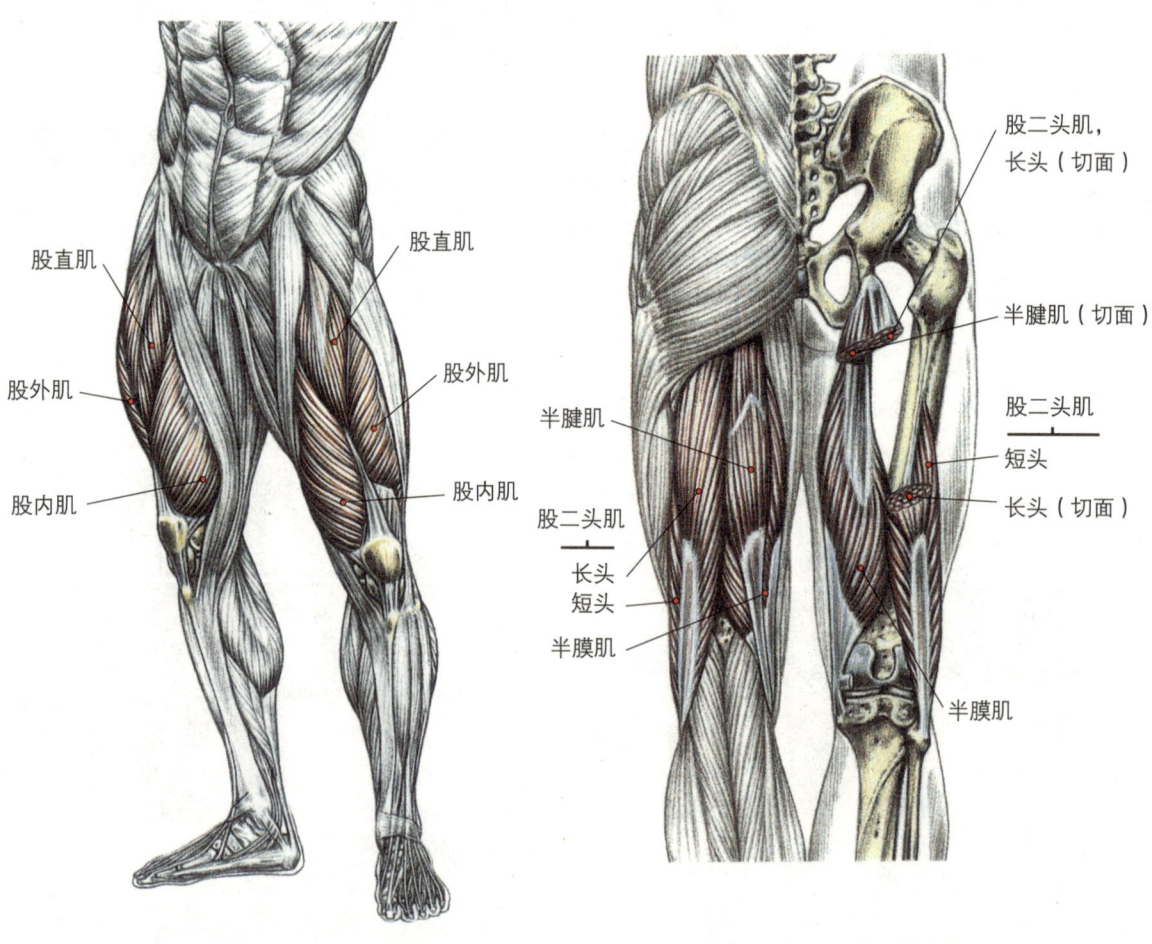

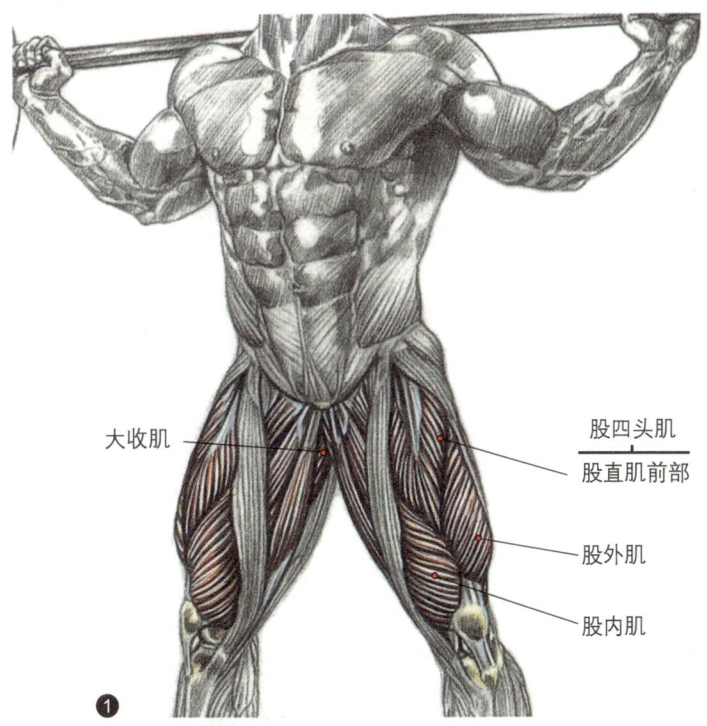

大收肌　　　　　股四头肌
　　　　　　　　股直肌前部

　　　　　　　　股外肌

　　　　　　　　股内肌

❶

将双脚分开与锁骨同宽，把杠铃置于肩膀（并非颈部）。保持背部伸直，略微向后拱起。后退一到两步以便离开深蹲架。保持背部尽可能地伸直，弯曲双腿下蹲。蹲下20～30厘米后发力站起，至双腿伸直 ❶。

⚠ 注意！

头部需要严格遵循以下姿势：头部略向前伸直，微微抬高。如果眼睛朝下看，头部略低会有损伤颈部的风险，这样是十分危险的。

注意事项：

如果下降幅度过多，对于搏击运动员是无意义的。因为搏击运动中不会有过大幅度的腿部屈伸运动现象，所以在一定幅度内提高半蹲重量才是最适合搏击运动的训练方法。

优点：

深蹲可以在短时间内训练下半身所有的肌群。

缺点：

腿部越长，背部受伤风险越大。上下半身比例的关系，会让训练者在蹲起过程中出现前倾现象，容易诱发腰部伤病（见第27页）。

⚠ 风险

除去膝关节以外，腹部肌群、腹斜肌肌群与脊柱周围肌群都需要进行充分的热身，以便更好地保护腰部健康。每次深蹲训练课结束后都会给予背部强大的压力，进行长时间的悬垂拉伸是势在必行的肌肉放松运动（见第50页）。

提踵，站姿

这个动作孤立刺激的目标为小腿肌群与腰部肌群。

价值：

★ 小腿肌群的力量是将身体牢牢固定在地面上的关键，这会让你的击打更有效率。腿击或膝击所释放的爆发力的大小与小腿肌群是否强硬有着密切的关系。

★ 小腿肌群的力量增长，有助于拳击时的爆发力或膝击时跳跃力的提高。

★ 当与对手出现缠斗时，小腿的爆发力可以帮助你做好防御工作。

选择合适的重量后站到训练器械上。脚尖踩在踏板上，脚后跟悬空。

轻微拉伸小腿后发力蹬起脚跟至尽可能高的高度❶。保持这个姿势1秒钟进行顶峰收缩后重新下降到小腿拉伸位置。

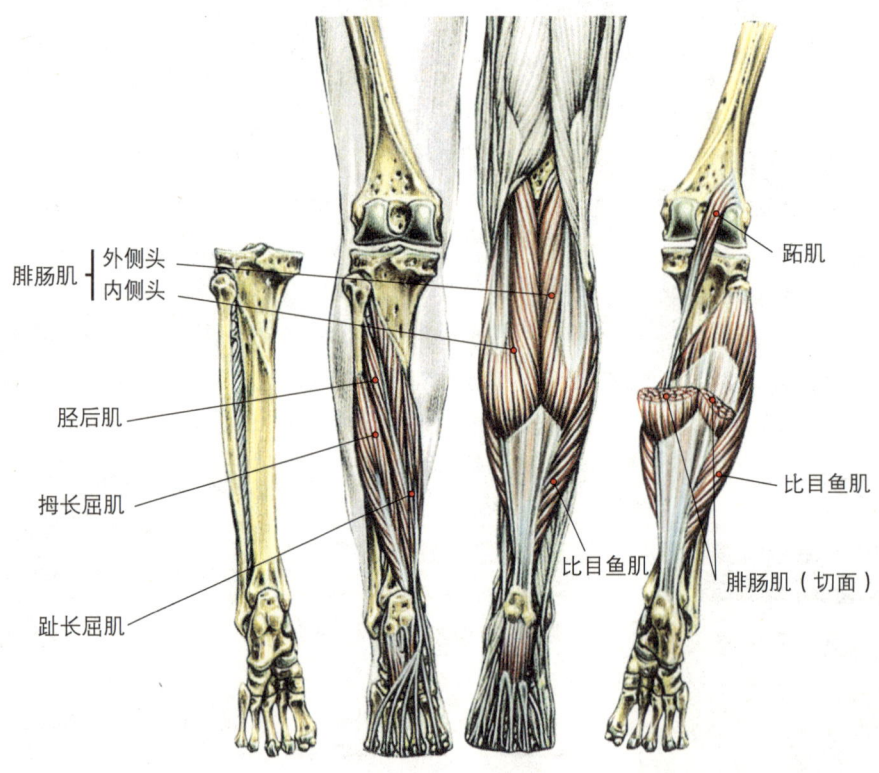

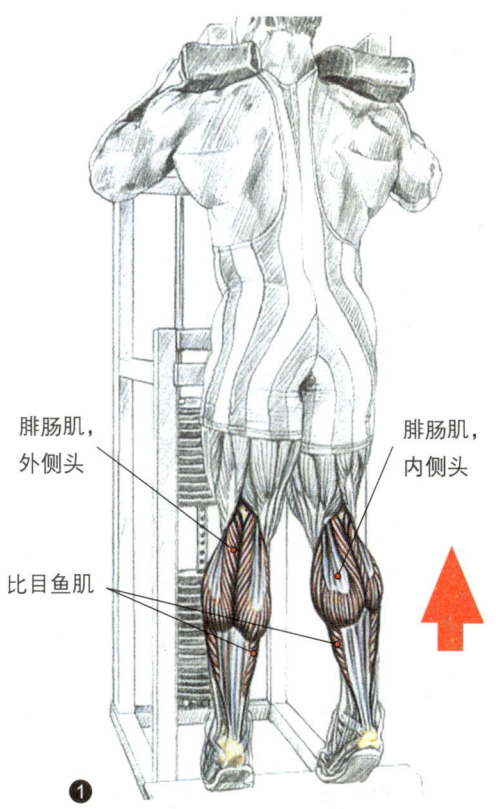

腓肠肌，外侧头
腓肠肌，内侧头
比目鱼肌

①

节受到无意义的扭力。小腿肌群也会因此变得更加强壮。如果你真的想采取一些变化，不如调整一下你的站距（宽站距或窄站距）或者使用单侧训练。

优点：

这个动作可以直接刺激小腿上所有的肌群。

缺点：

如果两条小腿一起训练，效果远不如一条小腿单独训练时好。但这样做却又会造成训练时间被严重拉长。

⚠ 风险

训练重量越高，腰椎受到的压力越大。

注意事项：

需要避免因维持身体平衡所造成的腰部呈现弓形。这种现象的产生是十分危险的，与腿部过于伸直，特别是在拉伸阶段有密切关系。保持头部伸直，略微抬高。

变化：

Ⓐ 除去专门为提踵所设计的器械外，你还可以利用史密斯机进行训练，将杠铃置于肩膀或者采用手持哑铃的姿势。

Ⓑ 双脚脚尖指向可以朝外或者朝内，不过最好是确保膝盖与其指向一致，避免膝关

Ⓐ 使用史密斯机

Ⓐ 使用哑铃

腿法与膝击

在使用腿法与膝击时，不少训练者认为爆发力的来源是腿部肌群。事实上后者反而会限制你的击打能力。同样，过于粗壮的腿部肌群因为体重原因会导致移动速度较慢，必定会影响你的击打速度。在使用腿法与膝击时，真正的爆发力来源为髂腰肌肌群。此外，股直肌也可以起到辅助屈髋的作用。臀中肌与小腿肌群可以帮助你在使用腿法与膝击时，维持身体单脚站立的平衡，不至于出现摔倒的现象。以上四类肌群是我们在进行腿法与膝击训练时所必须要纳入到训练计划中的。

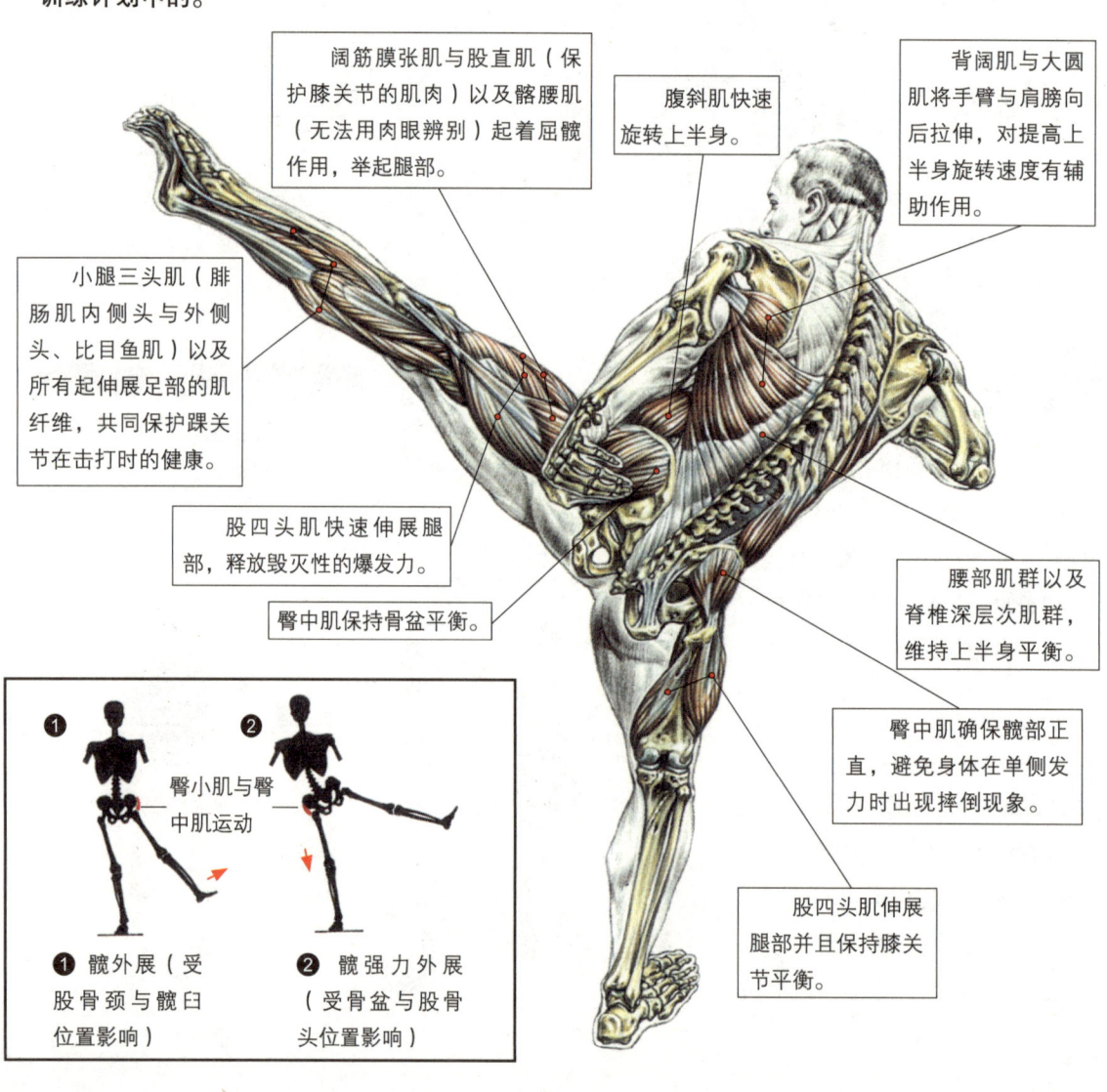

腰肌的悖论

科学研究表明，腰大肌由60%的快肌纤维（类型2）组成（Starcevic，2010）。但是，在男性身体结构中，类型1的肌纤维存在量更多。这种悖论表明训练是糟糕透顶的，因为类型2的肌纤维永远比类型1的肌纤维要粗大。如果腰部慢肌纤维过于肥厚，证明你的训练计划中静态的训练动作较多，大重量的爆发力训练较为缺少。以腿法与膝击作为主要攻击手段的搏击运动员必须要尽快医治这个训练上的误区。

为了让腿法与膝击的威力更强大，你必须使用大重量的负荷进行屈髋肌群的训练。因为其生理结构决定了快肌纤维较多，大重量的负荷训练是势在必行的。

> **⚠ 注意！**
>
> 如果高强度的髂腰肌训练是搏击运动员的首选，便不会引发任何问题。这是关于屈髋肌群的第二个悖论。它会诱发两种不良影响：
>
> 1. 短期内可能会对腰椎间盘造成重创。
> 2. 长期的下背部呈现弓形，会慢慢消磨你的腰椎。不良的背部训练姿势会成倍的给予腰椎压力，极大程度增加腰部受损的风险。
>
> 为了避免这些问题，你需要：
> → 使用箭步蹲的方式在每次训练后拉伸髂腰肌肌群 ❶；
> → 进行悬垂拉伸练习，减轻腰部压力（见第50页）。

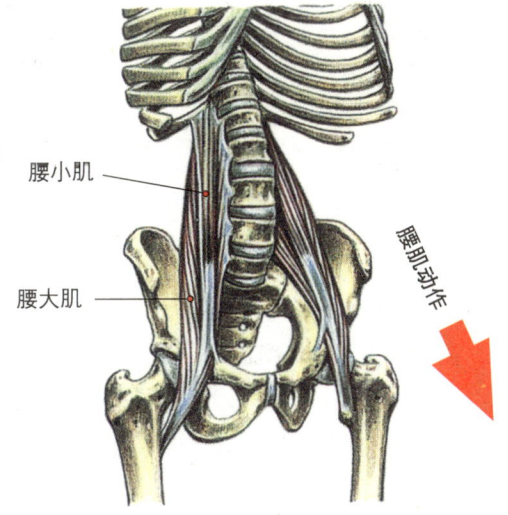

腰小肌
腰大肌
腰肌动作

❶ 髂腰肌拉伸姿势

增强绝对力量

屈髋训练，站姿

这个动作孤立刺激的目标为股直肌、腰肌、髂肌、腹部肌群、臀中肌与小腿肌群。

价值：

★ 训练所有可以为腿法或膝击提供爆发力的肌群，单腿站立时永远需要考虑到的平衡能力。

站姿，将一个圆形哑铃放在左膝盖上方 ❶。用左手握住哑铃，右手扶住训练椅或墙壁起平衡作用。尽可能高地抬起左腿，弯曲膝盖 ❷。然后将腿部下降至与地面平行的位置。左侧完成一组训练后立即进行右侧的训练组。

注意事项：

你可以在每次动作间将训练脚脚尖置于地面休息一段时间，以便完成更大的训练负荷。

变化：

Ⓐ 与其使用哑铃训练，不如通过使用弹力带的方式进行替代；将弹力带的一端踩于脚下。

Ⓑ 你还可以使用弹力带与哑铃结合的训练方法，通过两种不同类型的负荷刺激提高屈髋肌群绝对力量。

Ⓒ 为了训练保持身体平衡的肌群（臀中肌与小腿肌群），你可以逐渐撤去保持身体平衡的手的帮助，采用完全不借助任何训练椅或墙壁的方法。

Ⓑ

Ⓓ 与其让腿部在训练中逐渐向上弯曲移动，不如使用腿部始终保持伸直向上抬起的训练姿势。

Ⓔ 此外，你还可以使用特殊的器械进行屈髋练习，它比使用哑铃要更加方便易行，因为你不用再过多担心平衡问题。这样也导致了其对于搏击运动员价值相对要低一些。

Ⓔ

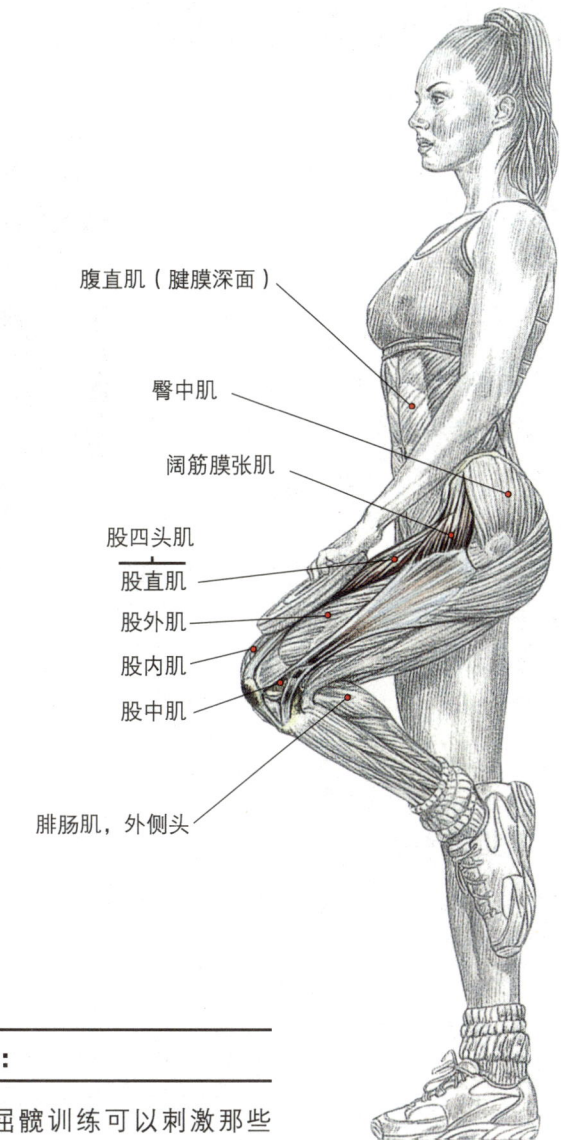

腹直肌（腱膜深面）
臀中肌
阔筋膜张肌
股四头肌
股直肌
股外肌
股内肌
股中肌
腓肠肌，外侧头

优点：

屈髋训练可以刺激那些被你经常疏忽的肌群，这对于你的搏击运动是至关重要的。

缺点：

单侧的训练特点导致这个训练动作会消耗大量的时间。

⚠ 风险

腰肌训练会让腰椎受到牵引。在训练中一定要保持腰部伸直，避免腰部呈现弓形。如果你的背部感受到酸痛，需要减小一定的腿部举起高度。

97

屈髋训练，悬垂姿势

这个动作孤立刺激的目标为股直肌、腰肌、髂肌、腹部肌群与手臂肌群。

价值：

★ 这个动作可以训练你在手臂收缩时的腿法与膝击能力，就如同你抓住对手的颈部进行击打一样。

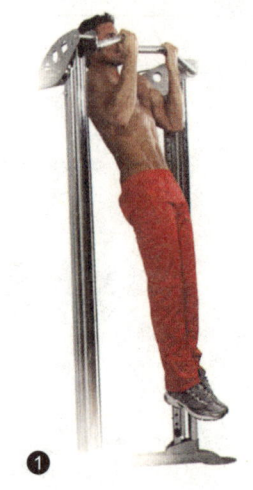
❶

❷

握在训练器械上，双手反握，与肩同宽，牵引肱二头肌使手臂弯曲❶，并且弯曲右腿向下巴处移动❷。尽可能高地抬起腿部并最大限度地卷曲骨盆，然后重新回到训练起始姿势。

完成一次右侧的训练后，立即进行一次左侧的训练。

如果手臂先于腿部出现力竭现象，你可以将双脚置于地面上，不使用悬垂姿势，并且改为双手正握（拇指与其余四指相对）结束剩余的训练部分。

注意事项：

这个训练动作中最困难的地方在于如何只通过手臂的力量保持自己身体的平衡。通过这个训练动作，你可以学会如何提升自己身体的稳定性。

变化：

Ⓐ 你可以：
→ 保持腿部伸直（训练难度明显增加）；
→ 抬起小腿至大腿后侧（训练难度明显减小）。

理想的训练方法是由腿部伸直的训练姿势开始，当身体出现力竭时，改为弯曲腿部的姿势，以便重复完成更多的训练次数。

Ⓑ 当训练变的过于简单时，你可以在踝关节上绑缚重物或使用弹力带，将其固定于地面上，另一端绕过膝盖进行替代训练。不过，使用弹力带并没有轮流进行左右腿训练的难度大。

优点：

对于所有目标肌群的刺激达到最大值，可以确保训练者能力的快速提高。

缺点：

腰部的牵拉感表明训练姿势出现错误。所以，一定的学习动作技术的时间是必不可少的。

⚠ 风险

不要让下背部呈现弓形。

跪姿弹力带膝击训练

这个动作孤立刺激的目标为股直肌、腰肌、髂肌与腹部肌群。

价值：

★ 提高地面膝击的能力，以及对身体单侧的控制能力。

将弹力带或滑轮绳索系于脚踝上。身体向前倾，跪姿并四肢撑地 ❶。将被弹力带或绳索束缚的腿向前移动，如同在地面给予对手膝击时的技术动作 ❷。

注意事项：

最理想的训练方式是手持半个健身球进行击打训练，这样你可以提高肌肉在击打时的收缩能力。

变化：

当你在地面上使用膝击进行搏击时，利用手臂来锁住对手是十分常见的。为了更好地模仿这项搏击技术，你可以用力抓住一个健身球或训练器械的一端进行搏击模拟训练。

优点：

训练动作姿势与搏击技术姿势十分相似。

缺点：

当你完成一侧腿部训练后，你需要解开弹力带再重新系上负重，这会让你感到跪姿弹力带膝击训练十分枯燥乏味。

⚠ 风险

不要让下背部呈现弓形。相反，我们可以略微拱起上背部，以避免腰椎间盘出现损伤。

抓、拖与绞技

当你使用拖、绞等技术动作或者让对手失去平衡时,手臂的力量总是出现在实战的最前线。此外,背部肌群也是不错的帮手。为了更牢固地抓住对手,前臂肌群与手掌也是必须要进行强化训练的。

引体向上

这个复合动作刺激的目标为前臂屈肌肌群与背部肌群。无论是主动进行肌肉收缩还是静力练习,其都会受到一定程度的刺激。

价值:

★ 引体向上需要强大的手臂肌群与背部肌群的力量,这些对于搏击运动员使用拖拽等让对手失去平衡的技巧是必不可少的。

★ 引体向上还可以提高断头台技巧的爆发力。

握住训练器械,双手反握(小拇指与其余四指相近)❶。双手伸直,握距与锁骨同宽。利用背部与手臂的力量带动身体上升❷。将身体上拉至额头与器械持平的位置,保持这个姿势进行5秒钟的顶峰收缩,然后下降重新回到训练起始姿势。

变化:

Ⓐ 为了轮流训练手臂肌群,你可以使用双手半握的姿势(拇指与其余四指相近),这会给予肱桡肌较强的刺激。或者使用反握(拇指与上半身相近),这会给予肱肌一定的刺激。

Ⓑ 当引体向上难度变的较易时,你可以选择负重引体向上提高训练难度。

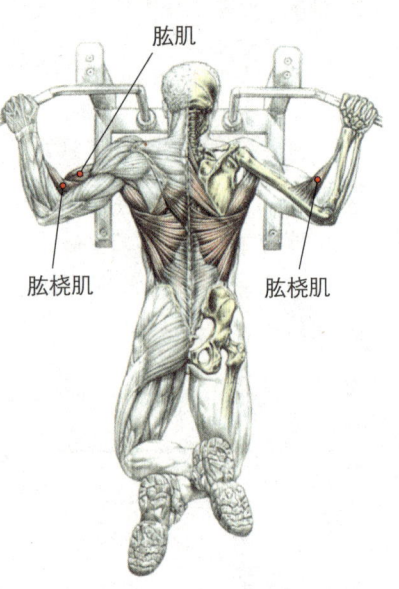

Ⓐ 双手正握

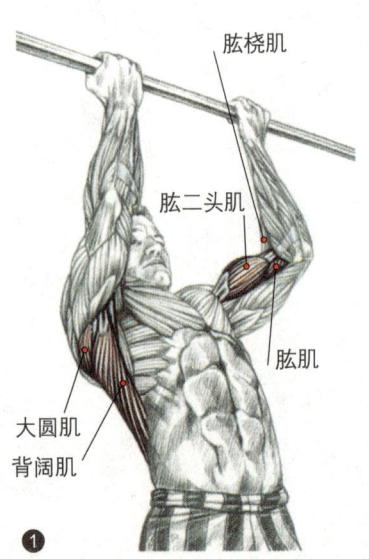

❶

❷

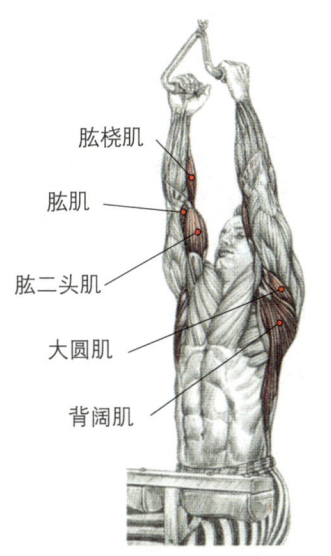

- 肱桡肌
- 肱肌
- 肱二头肌
- 大圆肌
- 背阔肌

Ⓐ 对握（高滑轮对握下拉训练）

Ⓒ

Ⓒ 当你拖拽对手时，一般会附加膝击动作进行攻击。与其在引体向上过程中保持腿部姿势的固定不变，不如将悬垂屈髋训练与引体向上训练结合在一起进行。

优点：

引体向上可在短时间内训练上半身大部分肌肉，并且不用依赖过多的器械辅助。

缺点：

不是所有人都能够完成引体向上的。为了避免力量的缺失，可以在地上放一个训练椅以降低训练难度。

⚠ 风险

永远不要在反握时完全伸直手臂，这会让你的肱二头肌出现损伤。

肱三头肌臂屈伸

这个复合训练动作刺激的目标为肱三头肌与背部肌群。

价值：

★ 这个动作可以提供你使用拖拽等让对手失去平衡的技术动作，或者锁住对手上半身时的爆发力。

使用杠铃杆或绳索进行高滑轮肱三头肌训练。双眼目视器械，利用肱三头肌的力量推动杠铃杆或绳索做屈伸练习。

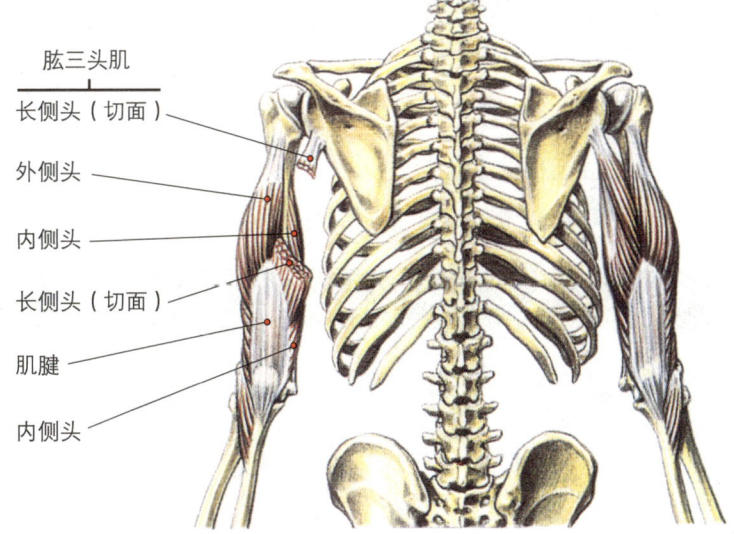

肱三头肌
- 长侧头（切面）
- 外侧头
- 内侧头
- 长侧头（切面）
- 肌腱
- 内侧头

与其让手臂伸直于身体两侧，不如选择手掌与身体平衡的姿势。在每一次完成训练后，将手臂抬起到与肘部同高的位置，而非抬到下胸位置❶。手臂需在每次训练的拉伸阶段上升到与地面平行的位置。在动作发力阶段，联合背部肌群与肱三头肌肌群的力量将杠铃杆或绳索下降至腰带位置❷。

> ★ **诀窍**：除去肌肉外，你还可以借助自身的体重优势辅助肱三头肌训练，以便使用更大重量。这也同搏击时你将对手按在地上进行击打时的技术特点相类似。

注意事项：

根据训练动作的特点，你可以使用背对训练器械的姿势，将高滑轮置于自己的身后，以避免常规姿势下肱三头肌器械负荷过小的问题。

变化：

你还可以使用跪姿进行

训练，以便更好地模仿在地面上与对手进行缠斗时的技术特点。

补充：

杠铃杆或绳索的体积越大，训练者需要释放的力量也就越多，对肘关节的损害也就越少。

直径2.5厘米的杠铃杆可能过于细小，无法帮助你模拟抓住对手胳膊时的技术特点。为了增加杠铃杆的直径，你可以在杠铃杆上包裹几层厚厚的海绵。

优点：

使用滑轮进行训练相比哑铃、杠铃或器械对于肘关节的损伤要小不少。

缺点：

当你使用大重量进行训练时，双脚会极难被固定于地面上。此时，你可以将一只脚踩在体积较大的哑铃上，随着训练的进行将其慢慢滑动分散掉一部分力。

⚠ **风险**

不要让背部呈现弓形。当心脸部的擦伤问题，因为绳索离你的头部并不是太远。

悬垂腕弯举

这个动作孤立刺激的目标为手腕屈肌肌群，特别是位于其深层次的肌肉。

价值：

★ 增加训练者的握力。

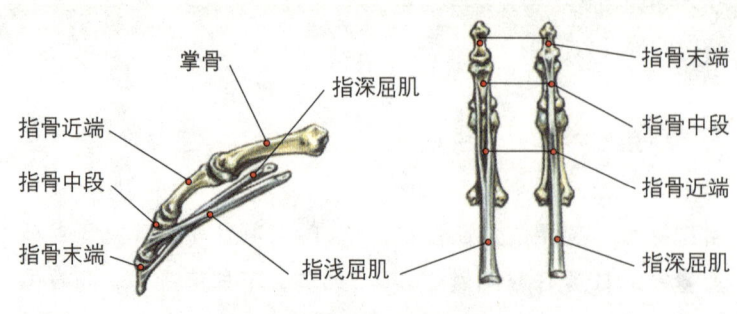

附着在指骨上的屈肌结构

在自由搏击中，前臂肌群的重要性甚至要远大于柔道中前臂的重要性，因为其没有柔道服的辅助，必须直接抓住对手的手臂。然而根据身材高矮、身体粗壮程度以及呼吸水平，想很好地抓住对手是较为困难的。

悬垂于训练器械上，手臂伸直，双手正握（拇指与其余四指相对）❶，握距根据自身舒适度进行调整。慢慢打开双手但不要松开器械❷。当身体下降5厘米后，利用手指的力量带动身体上升并重新合上手掌。保持这个姿势进行5～10秒钟的顶峰收缩，然后再慢慢打开手掌。

注意事项：

当你没有足够的力量打开手掌时，你可以选择使用握紧器械十几秒钟的悬垂训练予以替代。

补充：

常见的肌肉力量训练，都无法给予手腕针对性的刺激，高水平的搏击运动员握力水平仅比常人高出8%（Keating, 2011）。相比棒球运动员要小的多，后者比MMA冠军的握力水平平均高出近20%（Gocioco, 2011）。因此，搏击运动员本身前臂肌群可提高的空间是非常大的。悬垂腕弯举是弥补这部分力量缺失的优秀训练法。

变化：

Ⓐ 当打开手掌十分困难时，你可以将双脚踩在地面或者训练椅上，减轻体重的困扰。

Ⓑ 当训练变的较为轻松时，你可以使用单侧肢体进行训练，这意味着你只能使用一只手进行悬垂；另外一只手仅起到保持单侧身体平衡的作用。

优点：

这是一个简单和有效地训练手腕的方法。

缺点：

避免快速地拉伸手指，否则会导致伤病出现。

⚠ 风险

当身体逼近力竭时，让脚尖尽量靠近地面，以防止身体突然从器械上掉落。

锤式弯举

这个动作孤立刺激的目标为前臂屈肌肌群：肱二头肌、肱肌与肱桡肌。无论是使用主动收缩还是静力训练都能够提供不错的效果。

价值：

★ 提高前臂屈肌肌群等长力量耐力，以便提高臂锁、绞技等攻击效率。

握住哑铃，双手对握（拇指朝上）。弯曲手臂，在训练过程中保持大拇指永远朝上 ❶。将哑铃尽可能地抬高。为了达成训练目标，你可以轻微移动手肘但动作幅度不要过大。保持这个姿势进行5秒钟的顶峰收缩，然后慢慢下降手臂至训练起始姿势。

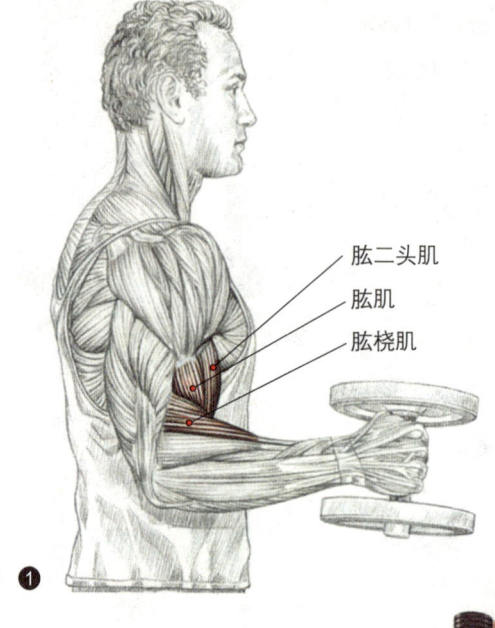

肱二头肌
肱肌
肱桡肌

❶

变化：

Ⓐ 这个动作可以使用站姿或跪姿（模仿在地面上与对手实战时的技术特点）。

Ⓑ 你可以选择：
→ 双臂同时训练；
→ 双臂轮流交替训练，完成一次重复训练后进行另一侧手臂的训练；
→ 双臂轮流交替训练，完成全部一侧手臂的重复训练后进行另一侧手臂的训练。

Ⓒ 在每组训练中你可以调整大拇指的方向，以便从不同角度给予屈肌肌群刺激：
→ 当大拇指向外时，肱二头肌参与更多；
→ 当大拇指向内时，肱桡肌活跃性更高。

Ⓑ 双臂同时训练

Ⓑ 双臂轮流训练

使用或抵御锁技

当你锁住对手时，身体所有的肌群都处于绷紧状态。其中，手臂肌群扮演着重要角色。至于在腿部肌群层面，内收肌群与小腿前侧肌群同样不容忽视。

使用或抵御锁技与其余动作不同，如果要提高肌肉收缩程度，动作速度相对较慢，类似静力练习。由此你可以看出等长训练在此时的重要性。

增强你的抵抗能力

器械吊带悬垂训练

这个动作孤立刺激的目标为通过等长训练练习肱二头肌肌群、前臂肌群、背阔肌肌群与胸部肌群。

价值：

★ 提高手臂力量耐力在静力状态下的水平，以便在锁住对手时将其"碾碎"。

站姿，将前臂置于腹肌训练带内 ❶。当手臂固定好后，开始弯曲大腿将身体悬空 ❷。不要通过双手扶持的方式，而是只依靠前臂进行悬垂。当身体出现力竭时，双手相互扶持以便坚持更长时间。保持这个姿势至少30秒钟。然后休息10~15秒，再进行下一次的重复训练。

❶

★ **窍门**：当你可以较为轻松完成30秒的悬垂训练后，可以选择负重或让训练伙伴牵拉自己的腿部以增加训练难度。

注意事项：

如果你没有腹肌训练带辅助，你可以将柔道服的腰带通过扣环连接，一边拴住两条进行替代训练。

❷

因为使用一条柔道服的腰带过于纤细，容易让手臂出现痛感。

Ⓐ

变化：

Ⓐ 当你使用臂锁时，往往会习惯使用膝击动作。与其单纯的保持腿部弯曲的姿势，不如在悬垂训练过程中加入膝击训练动作。

Ⓑ 与其使用前臂进行悬垂练习，不如你使用大臂悬垂，以便让背阔肌硬度得到更大提高。

Ⓒ 将一个体积较大的重

Ⓑ 球放在双腿中间，位于膝盖上方，可以很好地模拟使用手臂与大腿同时锁住对手时的技术特点。

优点：

这个静力训练动作可以很好地刺激在使用臂锁技术时的手臂肌肉。

缺点：

发力方向并不与搏击运动真正完全相同，但是这个动作依旧可以提高你使用锁技时所需要的力量，让你更好地掌握锁技这项技术动作。

内收肌静力训练

这个动作孤立刺激的目标为通过等长训练练习内收肌群，与搏击运动所需十分类似。

价值：

★ 提高内收肌群力量耐力在静力状态下的水平，以便让你可以在地面锁住对手时将其"碾碎"。内收肌肌群在使用单侧踢击时，下压腿部攻击对手有着重要意义。

仰卧在地面上，将一个体积尽可能大的重球加载双腿中间 ❶。将其放在膝上略微高的地方，靠近大腿。

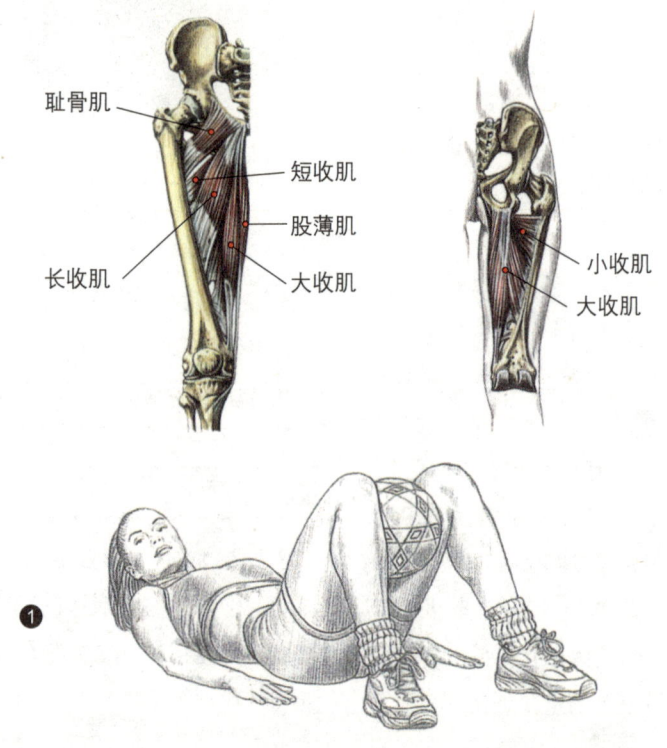

用力收紧腿部，就如同要将球挤爆一样。保持这个姿势进行30秒的收缩。然后休息10~15秒再进行下一次的重复训练。

> ★ **诀窍**：如果你没有重球进行训练，可以使用篮球进行替代。

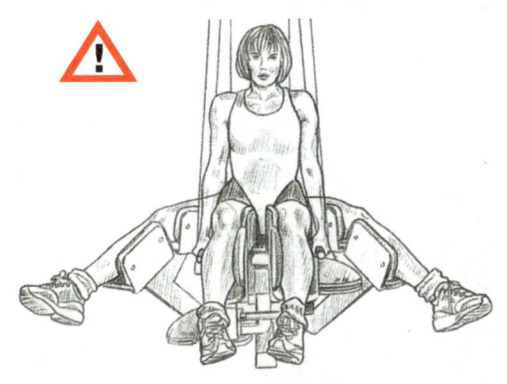

注意内收肌训练器械。有增加膝关节受伤的风险。

注意事项：

训练时的动作角度要尽可能与搏击运动中的技术特点相似。

补充：

搏击训练者与普通训练者不同，高水平搏击运动员的内收肌水平要强大近44%（Keating, 2011）。这种力量优势不是与生俱来，而是需要后天强加训练的。

变化：

Ⓐ 当你可以轻松完成该动作超过30秒时，可以让你的训练伙伴用力将重球推向地面以增加训练难度，强迫腿部释放更多力量。

Ⓑ 当使用锁技时，腿部的弯曲度是变化无常的。你需要在训练中调整不同的姿势，让腿部或大或小的弯曲。例如，可以使用腿部完全伸直、大小腿夹角45度或90度等不同角度的训练姿势……

Ⓒ 与其使用仰卧的训练姿势，你还可以使用四肢撑地的跪姿姿势。

优点：

这个静力训练动作可以很好地模仿地面锁技的发力方向。

缺点：

重球毕竟不是你的比赛对手，不能完全模拟在地面缠斗时的情况。如果你的内收肌群释放足够强的力量，你的对手会因为强大压力出现麻痹现象。

⚠ 风险

此外，还有一些专业的内收肌训练器械，在小腿或脚上进行负重。此时腿部的训练姿势一般都是伸直的。它可以刺激大收肌与股薄肌，模仿高踢击时的肌肉收缩方式。

但是这种训练方式会让你感受到膝关节内侧韧带的拉伸，容易让半月板出现向内的移位。

这种训练姿势会有将半月板卡在髁间的风险，会让你感受到疼痛与瘫痪感。

腿举，全程幅度

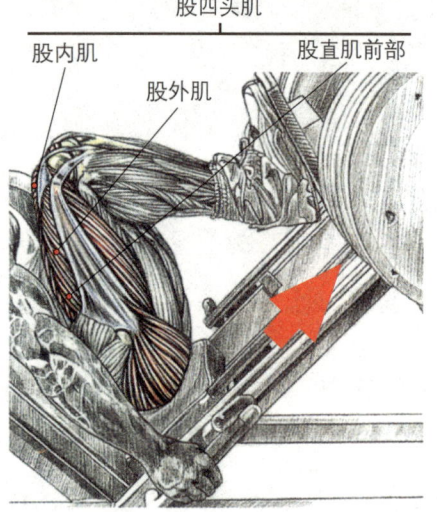

股四头肌
- 股内肌
- 股外肌
- 股直肌前部

这个复合动作刺激的目标为股四头肌肌群、臀部肌群、腘绳肌肌群与小腿肌群。

价值：

★ 当你躺在地面上，对手站着抓住你的双脚试图进行击打时，你可以通过腿部的力量击打对方并将其推开。全程腿举动作可以提高你身体必要的绝对力量水平，让训练更具效率。

★ 与其余本章内所介绍的慢速训练动作不同，这个动作必须依靠爆发力完成。腿举训练同样可以提高你的重踢能力。

调整好训练负荷，然后坐在器械坐椅上，将双脚踩在踏板上。双脚距离尽量与肩同宽 ❶。松开安全把手然后用力推起双腿。背部挺直紧贴坐椅，腿部制动将踏板慢慢下放一些 ❷。下降至你的腰部感觉即将离开坐椅为止。

接着，腿部发力将踏板向上推至腿部即将伸直。重复训练直至身体出现力竭。

注意事项：

在腿举训练中，你的踏板下降幅度越大，身体离开坐椅的趋势也就越明显。尽管随着身体离开坐椅，动作幅度得到明显改善，但这也极大程度增加了腰部受伤的风险；背部呈现圆形并非我们所推崇的训练姿势。

优点：

腿举训练可以在短时间内强化你的下半身肌群，训练姿势与搏击运动十分类似。相对于深蹲训练，背部受到器械更好地保护，安全系数更高。

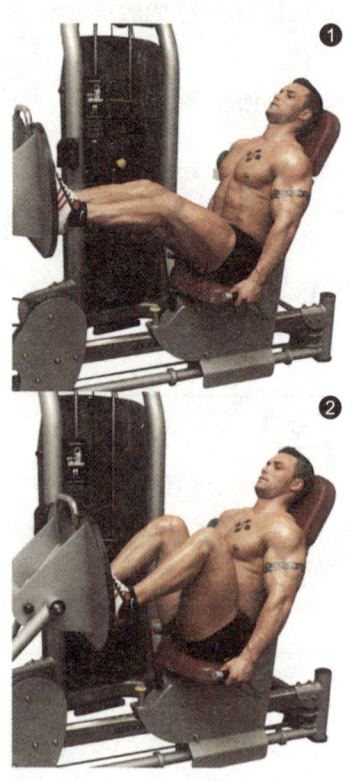

缺点：

腿举训练容易造成背部、髋部与膝关节的损伤。

⚠ 风险

即使腰椎被训练器械所固定，大重量的负荷同样会增加其受伤危险。

坐姿深蹲

这个复合动作刺激的目标为腿部肌群。

价值：

★ 可以提高训练者在被对手压制在地面上时，如何从坐姿状态下尽快站起摆脱的能力。

坐姿，背部依靠墙壁，双手持哑铃将其放在腿部凹陷处，发力尽快站起身体。

注意事项：

先让自己习惯在没有负荷时的训练姿势。然后，你需要逐渐增加负荷，以便获取足够的力量将其应用到搏击运动中。

变化：

无负重，与其使用双腿发力站起的方式，不如改用单腿发力；另外一条腿仅起保护身体平衡的作用。完成一次单侧腿重复训练后再开始另一侧单侧腿的训练。

优点：

这项训练动作十分优秀，但仅仅适用于部分搏击运动。

缺点：

与哑铃相反，你的对手在你挣脱束缚站起的过程中还会再次发力，以便将你重新锁在地面上。但是，如果你通过这个训练方式获取了足够多的力量，它只会让你的速度变得缓慢。

⚠ 风险

注意膝关节的健康，因为其在训练动作的开始阶段位置太低。

腿弯举，卧姿

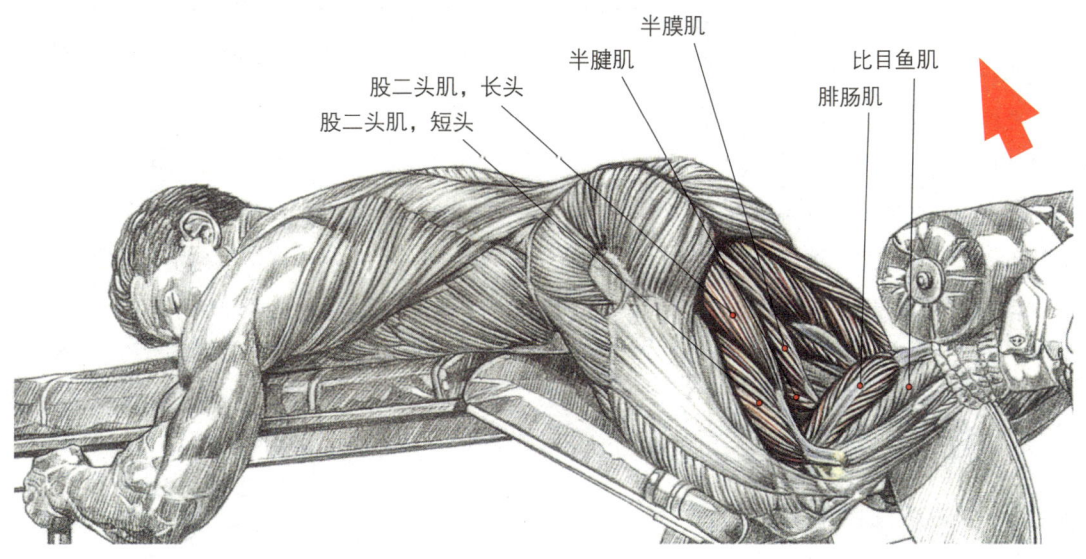

这个动作孤立刺激的目标为腘绳肌肌群。使用单侧训练法是最为优秀的选择，因为它可以充分强化你的腘绳肌肌群。

价值：

★ 为了更好地将对手的头部锁在小腿与大腿后侧之间，你的腘绳肌肌群需要具备足够的在静态环境下的力量耐力水平。

★ 站姿时，利用你的脚绊住对手的腿部将其摔倒，此时腘绳肌肌群所释放的爆发力是有极高辅助作用的。

选择合适的负荷，然后俯卧在训练器械上。将脚踝放在转轴下方 ❶。

利用腘绳肌的力量将脚向臀部方向抬起 ❷。保持这个姿势5～10秒钟的时间进行顶峰收缩，然后慢慢下降至训练起始姿势。

当完成一次单侧重复训练后，换另外一只脚进行重复训练，如此轮流交替直至力竭。

注意事项：

如果转轴在脚踝上滚动幅度过大，或者在肌肉放松过程中出现掉落的现象，这意味着发力方向有所偏差，远离杠杆的中心线。

补充：

脚尖的指向对于搏击运动员十分重要。将脚尖向膝盖处弯曲，你可以获得强大的力量。因为小腿肌群的爆发力充分参与到踢击动作中，所以训练小腿前侧肌群对于搏击运动是非常关键的。这种训练方法我们将在接下来进行介绍。

变化

在使用单侧训练姿势时，松开靠近器械一侧的手臂，用力推腿弯举训练机上的负荷以便增加等长收缩时的训练难度。

优点：

这个训练动作可以孤立刺激腿部后侧肌群，并且动作简单易行，效率较高。

⚠ 风险

当背部呈现弓形时，力量得到了增加，腰部却处于极大地受伤风险中。

胫前肌屈伸练习

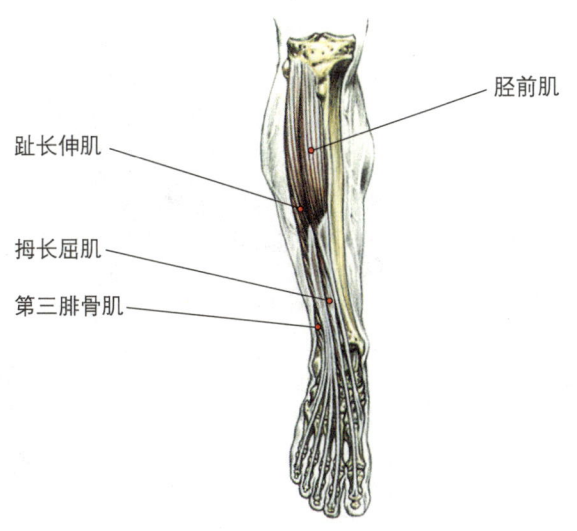

趾长伸肌
拇长屈肌
第三腓骨肌
胫前肌

这个动作孤立刺激的目标为胫前肌，通过等长训练方法给予胫前肌一定的刺激。

价值：

★ 当你在地面锁住对手或者使用腿三角锁时，经常会使用足上部位作为固定的支点，卡住对于的小腿或大腿。如果你的小腿前侧肌群在静态下的力量耐力足够，你便可以将其牢牢锁在自己的控制范围内。

★ 胫前肌起着保护胫骨的作用，并且提供在你使用小腿或足上部位踢击时所需要的爆发力。

找到一个固定的支点，比如，某一力量训练器械。将双脚放在其下方，脚尖略微向内。脚后跟保持不动，脚尖抬起抵住器械并且身体略微后仰。保持这个姿势进行30秒的等长收缩训练。然后休息10～15秒钟，再进行下一次重复训练。

注意事项：

在第一次接触这个训练动作时，你可以扶住一个物体以保持自身的平衡性。当你的力量水平逐渐提高后，可以不要再依赖手掌保持身体平衡。可以在双脚与器械之间包裹一层毛巾，以避免造成无意义的痛感。

注意，不要让双脚滑离器械！

变化：

A. 当你获取了足够的耐力水平后，不要再使用双脚同时训练的方法，而是改为单侧脚进行轮流交替训练。

B. 当你锁住对手时，腿部的屈伸是变化不定的。你需要在训练中模拟这种腿部夹角不断变化的情况。采用站姿腿部完全伸直、腿部弯曲呈45度或90度，或坐姿都会对于训练有不少帮助。

优点：

胫前肌在使用地面锁技时有不能忽视的价值。

缺点：

你需要找到一个坚硬的可供双脚固定的训练器械来完成此项训练动作。

⚠ 风险

注意，脚尖不要出现滑动，否则会有摔倒的危险！

臀桥

这个动作孤立刺激的目标为臀部肌群、腰部肌群与腘绳肌肌群。

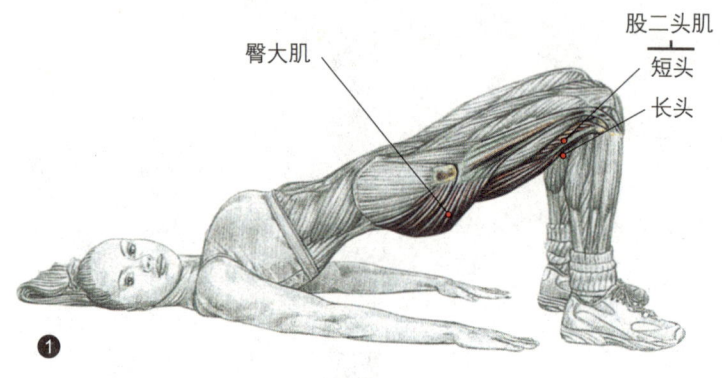

价值：

★ 当你躺在地面上准备挣脱对手的束缚时，采用臀部向上推的方法无疑是非常有效率的方法。你可以将自己从对手的牢笼里逃脱出来并且尽快回到正常的姿势。

仰卧在地面上，双臂自然垂落在身体两侧，双腿间距与肩同宽，腿部弯曲至90度，脚后跟朝向臀部。利用臀部的力量将上半身与大腿尽可能抬高，以便让身体与地面呈现三角形。肩膀依旧与地面保持接触并起杠杆作用❶。保持这个姿势1秒钟进行顶峰收缩，然后下降至训练起始姿势再进行重复训练。

⚠️ **注意！**

与上图中的女孩相反，一定不要转动你的头部。始终盯着天花板以避免颈椎受损。

注意事项：

为了增加摆脱束缚时的身体爆发力，臀桥训练需要用尽可能快的速度完成。

变化：

Ⓐ 调整双脚间不同距离或双脚与臀部的间距，以便更好地模拟搏击运动时所发生的各种状况。

Ⓑ 如果使用一个较重的杠铃片或者有搭档辅助，将它或他（也可以将二者结合在一起）置于自己的肚子上，毫无疑问这样会增加训练的难度。

优点：

臀桥的训练姿势与搏击运动十分相似。

缺点：

训练难度极低，因此必须使用较大的训练负荷。

⚠️ **风险**

不要让背部呈现弓形，以避免上半身抬起幅度过高。这样会有损伤腰椎间盘与颈椎的风险。

呼吸肌在耐力训练中扮演的角色

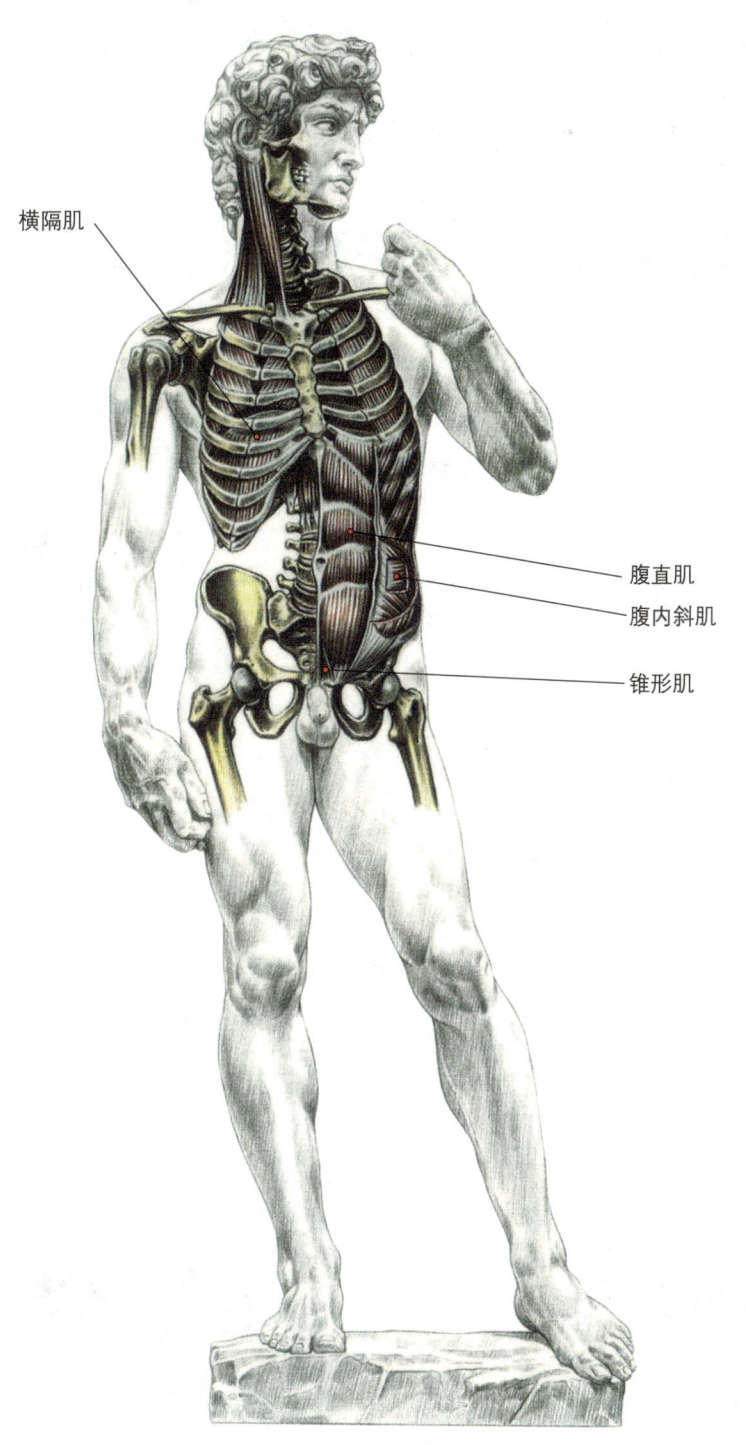

横隔肌

腹直肌
腹内斜肌
锥形肌

科学研究表明，在耐力释放过程中，呼吸肌特别是横膈肌的疲劳程度直接影响着训练者的运动表现力。相反，有针对性的横膈肌力量训练，可以很好改善耐力不足的问题。

例如，对于长跑运动员，在比赛前对于呼吸肌进行特殊的热身练习，可以提高耐力水平5%~7%。在经过四个星期系统的呼吸肌训练后，你的耐力水平可以最多提高约12%（Lomaxa, 2011）。高水平运动员相比常人拥有更加粗壮的呼吸肌肌群。因此，作为一个搏击手，进行呼吸肌力量训练可以帮助你尽可能减少在比赛中出现困难的频率。

负重呼吸练习

这个动作孤立刺激的目标为所有负责呼吸的肌肉群。

价值：

★ 延迟在搏击运动中所产生的身体疲劳出现，并让胸腔习惯在有对手压制自己时的呼吸方式。

仰卧在地面上，将杠铃片 ❶ 或哑铃 ❷ 放在胸部。用力吸气将胸腔完全填满，然后再慢慢呼气。

注意事项：

这个动作只有在进行长训练组（每组至少呼吸50次以上）时，才会起到改善耐力的效果。

补充：

在重物与自己身体间垫一条毛巾，以避免产生无意义的疼痛，从而使用更大的负荷重量。

变化：

Ⓐ 让训练搭档坐到自己的胸腔上，以便增加训练负荷。注意训练时的吸气速度，不要过于猛烈地进行呼吸。

Ⓑ 在训练中使用牙套护具，它可以帮助你更方便地进行呼吸。

⚠ 风险

不要在刚接触训练时使用过重的训练负荷，以避免让肋骨受到压迫。使用轻重量训练，逐渐让自己的胸腔产生习惯。

❶

❷

髋关节柔韧度的重要性

对于地面搏击运动，搏击手需要一定程度的髋部以及臀部柔韧水平，以便：

→ 尽可能高的抬起一侧腿部以便使用 Omoplata 格斗技；

→ 将对手的头部锁住或勒住。

在进行髋部的力量训练时，一定要注意保持其自身的柔韧性。相比不经常进行拉伸练习的普通人，高水平的格斗运动员拥有更大的髋部移动范围（Keating，2011）。为了保持这种运动幅度的优势，针对性的拉伸练习是必不可少的。

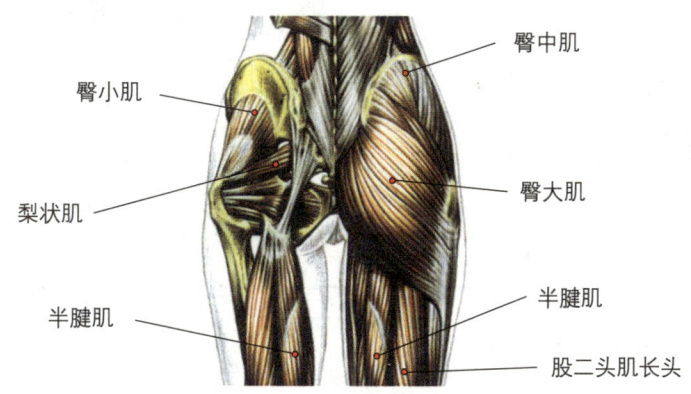

旋转髋关节拉伸练习

这个动作拉伸的主要肌群为梨状肌与臀部肌群，其中梨状肌的重要性是不可忽视的，这一点经常被许多训练者所忽视。

价值：

★ 增加腿部上屈能力，膝盖朝向向外并且脚尖朝向向内。

坐在地面上，向前上屈一侧腿，另一侧腿沿着身体伸直 ❶。向前倾斜上半身，双手支撑地面 ❷。保持这个姿势20~30秒进行拉伸练习，然后再换到另一侧腿进行训练。

注意事项：

上半身倾斜幅度越大，拉伸程度越剧烈。

变化：

🅐 仰卧在地面上，左腿保持伸直并上屈右腿。借助右手的力量将右膝盖慢慢向头部推移。同时左手握住右脚踝同样向头部方向推动。

🅑 为了增加拉伸的强度，你可以采取左膝盖推动右脚踝的训练方式。

补充：

保持左右侧肢体拥有同样的柔韧度是十分重要的。事实上，这种左右平衡的现象是极为少见的。

相对较为僵硬的一侧会让你的腰部肌肉纠缠在一起，

容易导致伤病的出现。

优点：

可以最大限度模拟地面搏击时所需要的身体柔韧能力。

缺点：

这个训练动作不会让你感到特别有兴趣，如果你不是地面搏击手，可以跳过这个训练动作。

⚠ **风险**

容易出现梨状肌的过度拉伸问题，这是特别容易受损的肌肉。

扭倒技

为了给予对手过肩摔或使用扭倒技，你需要足够强大的腰部肌群力量。手臂与背部肌群在将对手拉向自己的过程中扮演着重要角色。此时优先使用的训练动作为硬拉与握力练习。

因为扭倒技与过肩摔的使用环境为地面搏击，因此膝关节的变化是十分重要的。

屈腿硬拉

这个复合动作刺激的目标为腰部肌群、背部肌群、前臂肌群、臀部肌群与腿部肌群。

价值：

★ 这个动作可以为初级训练者提供基础的上拉、投掷的能力，但并非是针对性极高的搏击力量训练动作。

双脚分开站立与锁骨同宽，下蹲握住杠铃，杠铃位于脚踝前侧 ❶。可以极度轻微的向后拱起背部，但尽可能保持背部伸直。腿部发力并利用背部力量带动杠铃上升 ❷。腿部与背部运动尽可能保持同步协调性。一定不要出现腿部先运动，背部随后发力的现象。一旦身体站直，立即向前弯曲腿部以便重新回到训练起始姿势。

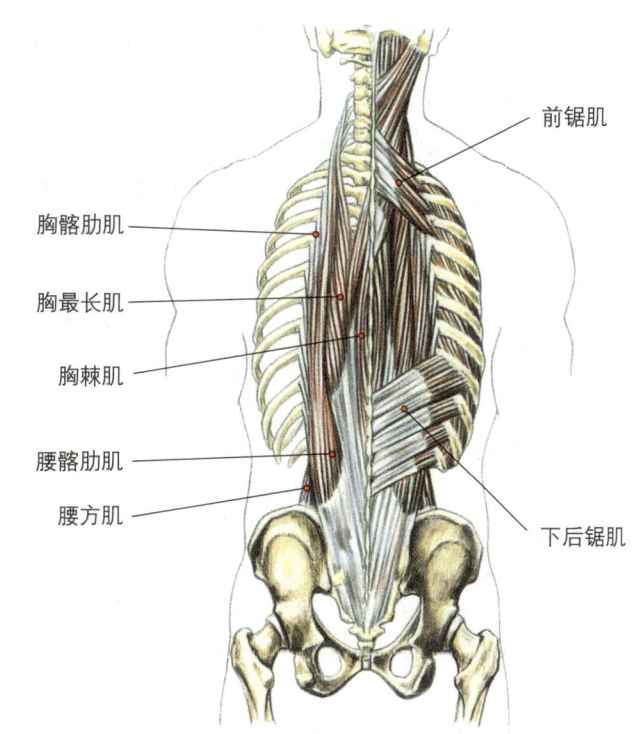

相扑式硬拉下背部深层次肌群状态

注意事项：

当腰部肌群出现疲劳时，保持腰部伸直的困难度会越来越大。

① ② ③

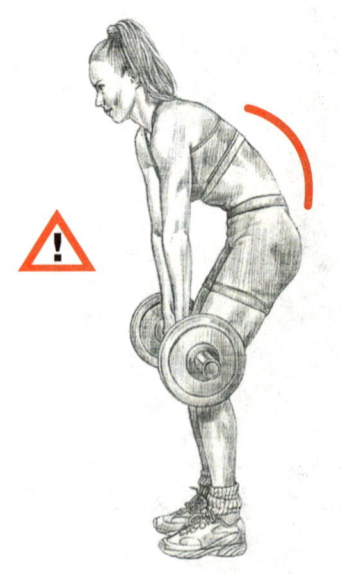

注意，腰部不要弯曲

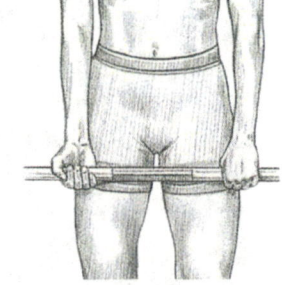　　　　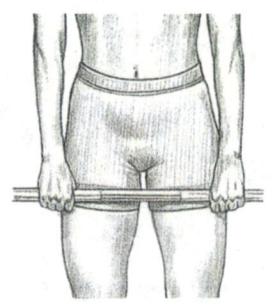

正反握提高握力　　　　双手正握

为了最大限度降低握力不足对于训练的影响，正反握法可以帮助我们暂时提高握力，完成更大的负荷重量。

脊椎一旦呈现拱形，便会让训练动作难度降低并且完成更多的重复训练次数。正是因为这个原因极少有运动员会停止训练该动作，尽管它会导致背部的灾难。

随着训练持续所带来的身体疲劳，容易导致腰椎间盘出现错位的情况。因此，在背部开始呈现拱形时立即停止训练是明智之举。

补充：

你不要采用连续重复训练的方式。当杠铃接触地面后，停止至少两秒钟（即采用组内休息的训练方法）再拉起。事实上，当你在重复训练时采用立即拉起杠铃的方法，会由于身体在杠铃下降过程中通过弹力蓄积力量从而让训练难度大大降低。在搏击运动中，当你将对手拉向自身时，之前并没有一个弹力蓄积的过程。硬拉类练习是提高启动力量与加速力量的极佳训练法。

为了避免身体受损的风险，一定要注意在训练过程中不要出现背部弯曲的现象。

变化：

Ⓐ 使用双手正反握的训练姿势（即一只手拇指向外，另一只手拇指向内）。这种握法虽然可以帮助你更好地握住杠铃，但是反握一侧手臂的肱二头肌却有极大的受伤风险。双手正握的握法虽然可以帮助你保护肱二头肌，但是会提高握住杠铃的难度。这种握法风险较低，我们更推荐使用这种训练姿势。

Ⓑ 双脚间的站距不是固定的，你可以根据自己的搏击习惯来选择合适的站距。

Ⓒ 你还可以使用两个哑铃进行训练。这种训练变化可以让重心位置更加靠后。当你将对手拉向自己时，对手的位置永远在你身前，使用哑铃训练可以更好的模拟这种搏击技术。

Ⓓ 与其在地面进行硬拉练习，你不如在一定高度进行训练。

比如，将杠铃放在训练椅或深蹲架的安全杠上。这种减少训练幅度做法的意义在于使用更大的训练负荷，并且降低受伤的风险。如果在搏击运动中，你需要做的只是拉动对手，使用这种训练变化的站姿姿势进行训练更加符合你的竞技技术需求。如果在搏击运动中，你需要在地面进行更多的身体对抗，使用传统的完全幅度的硬拉神训练会更加符合你的搏击风格。

Ⓔ 跪姿硬拉：这是一种针对性极高的训练变化，十分适合地面搏击运动。它可以帮助你移动或翻转躺在地面上的对手。在这种姿势下，使用一个或两个哑铃并将其置于身前，向斜下方倾斜上半身。等到哑铃接触地面后，再将其从地面上重新拉起。在每次动作重复间不要忘记休息至少1秒钟。为了避免膝关节的伤病，在膝盖与地面间垫一条毛巾或海绵垫减少对于膝盖的压力。

优点：

可以训练众多的肌肉群，方便你在最短时间内训练最多肌肉的基本要求。

缺点：

因为众多大肌肉群参与到训练动作中，所以这个动作会很容易让你筋疲力尽。

⚠ 注意！

充分预热腹部肌群、腹斜肌肌群与竖脊肌肌群，以便更好地在训练中保护腰部。

⚠ 风险

腰椎处于较大的受伤风险中。即使训练动作完全标准，腰椎间盘也会承受着极大地压力。在每次训练课结束后不要忘记进行悬垂拉伸练习（第50页）。

Ⓔ

直腿硬拉

这个复合动作刺激的目标为腘绳肌肌群、臀部肌群、腰部肌群与背部肌群。

价值：

★ 对于地面搏击具有极强的针对性（见第121页方框内）。

双脚站距较窄，双手正握，身体向前倾斜抓住杠铃❶。背部尽可能伸直，可以略微向后拱起并保持腿部微曲。利用腘绳肌肌群与臀部肌群的力量带动杠铃上升。当身体完全站直后再开始倾斜身体，下降至动作起始姿势。

注意事项：

随着你的身体向前倾，背部保持伸直的难度也就越大。脊椎开始不自觉地拱起。在这种情况下，你可以减小动作幅度，不要让杠铃完全下降以保持背部的伸直。

优点：

这个动作可以强烈拉伸腘绳肌肌群，缓解肌肉的巨大酸痛感。

缺点：

这是一个危险系数较高的训练动作。当腰部肌肉出现疲劳时，腰椎开始不自觉地拱起。在这里很多训练者容易陷入一个误区，即随着背部的拱起，你可以得到力量与训练幅度的提高。这种现象虽然十分诱人，但却极度危险。

⚠ 风险

即使你的训练姿势十分标准，腰椎也会承受着极大地压力。

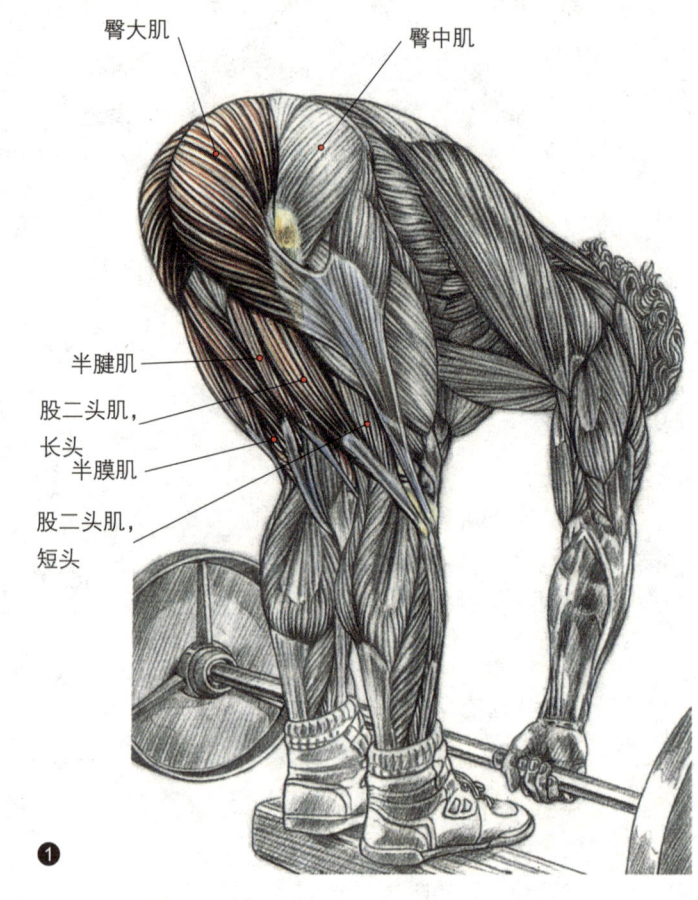

❶

屈腿硬拉与直腿硬拉的区别

直腿硬拉

→ 是屈腿硬拉的一种演变形式,更加适用于地面搏击手。因为当你试图向拉起或者翻转位于地面上的对手时,发力姿势与直腿硬拉几乎完全相同;

→ 外伸腰部肌群更加明显,因为其相比传统的硬拉训练需要训练者身体更向前倾;

→ 更加强化大腿后侧的肌肉群,但对于大腿前侧的刺激略低。

补充:

直腿硬拉更加适用于地面搏击技术的提高,而非站立搏击,训练者在选择时要考虑清楚。我们建议不要在同一节训练课上安排这两种硬拉训练,以避免腰部肌群受到过度训练。

高翻挺

这个复合动作刺激的目标为腰部肌群、背部肌群、手臂肌群、臀部肌群、大腿肌群与小腿肌群。当我们向上推举时,肩部肌群同样受到强烈刺激。我们将这个动作命名为高翻挺,是举重训练的经典动作之一。

价值:

★ 复合性极高,几乎身体所有的肌群都参与到了训练中。

★ 尽管训练针对性并不高,但高翻动作却可以帮助初级训练者提高整体爆发力,在身体对抗中占据优势。

下蹲握住哑铃,尽可能保持背部伸直,可以略微向后拱起❶。双手采用正常握法,最理想的应为采用半握且正握的方法(拇指向前,略微贴近其余四指)。利用腿部的力量将哑铃拉起❷。

背部与腿部尽可能保持协调同时运动 ❸。当身体接近站直时，利用爆发力弯曲手臂（握法为半握）❹ 并且将哑铃上送至肩膀高度 ❺。然后下降哑铃并且弯曲腿部至训练起始姿势。

注意事项：

在使用大重量前务必要充分热身。这里所指的热身练习并不仅仅是指肌肉层面，更包含对于动作技术与姿势的提前预热。

补充：

保持头部伸直，目视前上方。一定要避免向左右看，这会让你的动作出现不平衡现象，进而损伤背部。

变化：

Ⓐ 为了让动作更加完整，并且带给肩部肌群与肱三头肌肌群刺激，你可以加上推举动作形成完整的高翻挺。这是一个复合性更高的训练动作，我们不建议初级训练者使用，除非你拥有至少三个月的肌肉力量训练经验。

Ⓑ 在举重训练中，你往往会使用杠铃进行训练。不过，这会导致训练变的僵硬并且对称，与你搏击时的技术特点截然相反。

优点：

高翻挺训练可以在短时间内强化所有大肌肉群。它不仅可以带来肌肉力量的提升，更能够帮助你改善身体的协调性。因为其本身强调快速度，故爆发力也会在此时得到发展。此外，使用长训练组训练还可以增加力量耐力水平。

缺点：

高翻挺自身的训练难度极高，需要训练者自身具备极强的支配肌肉的能力。

⚠ 风险

爆发性的训练动作是具有一定危险性的。在训练高翻挺时你需要十分谨慎，我们不建议在刚接触训练时就采用较重的训练负荷。

划船

这个复合动作刺激的目标为背部所有肌群以及肱二头肌肌群、前臂肌群与腿部肌群。

价值：

★ 这个动作对于站姿搏击时的身体对抗，比如，将地面上的对手向后拉或者翻转有较强的针对性。

★ 这个动作还会帮助你提高站姿搏击时让对手失去平衡的力量。

向前倾斜上半身，与地面夹角呈90度到145度。双手握住哑铃或壶铃，双手对握（拇指向前）❶。利用手臂将重物向上提至肘关节最高点❷。肩胛骨锁紧后再重新下降重物。

注意事项：

最理想的哑铃上升高度是在肚脐附近，但有不少训练者喜欢更高或更低的上提幅度，如将重物上提至胸前或大腿附近。同样，在握法上有不少训练者喜欢将拇指稍微向内握，也有一部分训练者喜欢将

拇指稍微向外握。具体的握法并不固定，根据训练者你的喜好以及相应的搏击技术特点而决定。

补充：

保持头部处于一定高度，特别是在肌肉收缩阶段。避免向左右乱晃头部。

变化：

跪姿：这是一种适用于地面搏击的针对性更强的划船练习。它可以提高你处于跪姿时，单侧移动或提拉对手的能力。向前倾斜上半身，将哑铃放在身体稍前方进行划船训练。在每次重复动作时，将哑铃放在地面上至少1秒钟后再进行重复练习。当你使用跪姿训练时，因为胫骨与地面接触，身体需要尽可能维持平衡，故股四头肌会受到强烈刺激。为了避免膝关节的伤病，在膝盖下方垫条毛巾或瑜伽垫以缓解不必要的疼痛。

优点：

划船训练可以刺激所有负责提拉力量的肌肉共同发力，并且可使用不同的姿势（站姿或跪姿）。

缺点：

向前倾斜的训练姿势会让腰椎僵化。

⚠ 风险

尽管上半身与地面夹角达145度，相比90度要更加安全，但划船训练本身对于背部还是有极高风险的，特别是在你使用大重量负荷时。

使用广泛并不代表有效率

如右图所示，这是一个被众多搏击运动员所青睐的训练动作。通过手臂与背部的力量将上半身向上牵拉，头部始终朝向天花板。事实上，这样一个简单又受欢迎的动作其实对任何搏击技术都没有促进效果，因为你从没有在腰椎与腿部处于放松状态下使用牵拉等技术。当你使用手臂或背部力量进行牵拉时，你需要腰部肌群完美地将腿部力量传递上来，以便更好地将自身固定在地面上。为了弥补该训练动作的弱点，你可以使用一个孤立的训练动作来强化腰骶部肌群以及腿部肌群。比如，使用划船训练来替代这个动作，前者可以同时刺激手臂、背部、腿部与腰部肌群。其训练难度要相对高出不少，因为它在一个训练动作中同时刺激了全身的肌肉群，效率更高且用时更短，更加适用于搏击运动员。

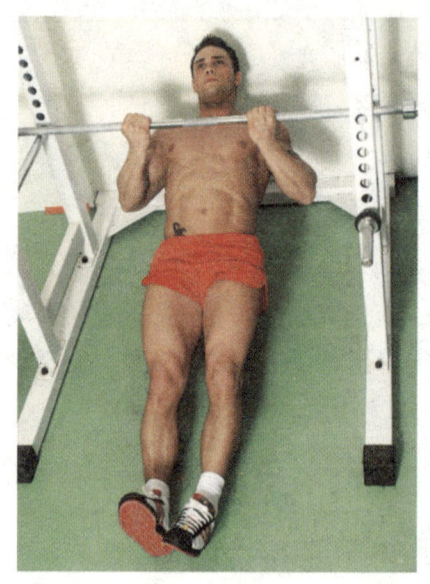

你需要清楚，训练计划的制订是要根据你个人的意愿与需求的，而非让你自己迁就于固有的肌肉力量训练计划。随着训练的进行，想必你已经得到过很多建议与指点。我们将会在最后一章介绍不同种类的理想训练计划，以便训练者可以充分利用自己的时间，选择最适合自身的训练计划，更好得到搏击能力的提高。

初级全身肌肉力量训练计划 / 128

进阶级训练计划 / 130

针对性训练计划 / 132

循环耐力训练 / 135

针对性循环训练 / 137

家庭循环训练 / 139

预防伤病训练计划/140

've
第三章
训练计划

初级全身肌肉力量训练计划

如果你从来没有进行过肌肉力量训练,使用一套全身性的训练计划可以帮助你快速强化肌肉水平。你需要从基础的肌肉力量训练动作开始,培养正确的训练姿势、保持良好的腰背部幅度、学会如何呼吸……

熟悉性肌肉力量训练计划

这个训练计划持续时间为一个月,每周训练1~2次。

1 高翻挺 p.121
2组,每组12~8次。

2 窄握卧推 p.81
3组,每组10~6次。

3 半蹲 p.91
3组,每组12~8次。

4 锤式弯举 p.104
2组,每组20~12次。

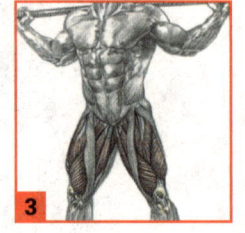

增加训练强度阶段

在完成熟悉性肌肉力量训练计划后,改为使用这个计划进行一段时间训练,每周训练两次。

1 高翻挺 p.121
2组,每组10~4次。

2 窄握卧推 p.81
3组,每组8~4次。

| **3** 半蹲 | p.91 |

3组，每组10~6次。

| **4** 仰卧起坐 | p.70 |

2组，每组20~12次。

| **5** 划船 | p.123 |

2组，每组12~8次。

初级全身肌肉力量训练计划，进阶级

在经历了2~3个月的系统训练后，你可以开始进阶级难度的训练计划。每周至少完成两次训练。

| **1** 高翻挺 | p.121 |

3组，每组10~4次。

| **2** 窄握卧推 | p.81 |

3组，每组8~4次。

| **3** 半蹲 | p.91 |

3组，每组10~6次。

| **4** 仰卧起坐 | p.70 |

2组，每组20~12次。

| **5** 划船 | p.123 |

2组，每组12~8次。

| **6** 肱三头肌臂屈伸 | p.101 |

2组，每组12~8次。

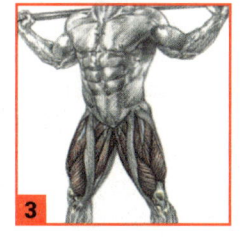

进阶级训练计划

在经历了几个月的初级训练计划后，你可以逐步转向更加针对搏击运动的训练方式。最理想的方式是在一个星期内至少安排一次进阶级训练计划，再安排一次循环训练（见第135～136页）。

进阶级训练计划，基础阶段

1 滑轮击拳练习 p.83
3组，每组8～4次。

2 直腿硬拉 p.120
3组，每组10～6次。

3 重球投掷训练 p.85
3组，每组20次。

4 半蹲 p.91
3组，每组10～6次。

5 腕屈伸 p.87
2组，每组20～12次。

6 转体卷腹 p.74
2组，每组12～8次。

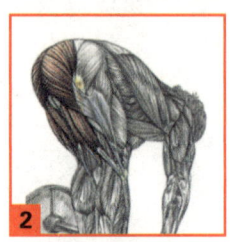

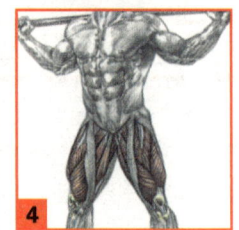

进阶级训练计划，进阶阶段

1 滑轮击拳练习 p.83
3组，每组8～4次。

2 直腿硬拉 p.120
2组，每组10～6次。

3 重球投掷训练 p.85
3组，每组20次。

4 半蹲 p.91
2组，每组10～6次。

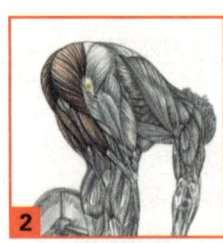

| 5 | 转体卷腹 | p.74 |

2组，每组12~8次。

| 6 | 划船 | p.123 |

2组，每组12~8次。

| 7 | 腕屈伸 | p.87 |

2组，每组20~12次。

| 8 | 悬垂腕弯举 | p.103 |

2组，每组30~20次。

| 9 | 内收肌静力训练 | p.106 |

1组，每组5~3次，
每次至少保持30秒。

进阶级训练计划，高难度阶段

| 1 | 滑轮击拳练习 | p.83 |

2组，每组8~4次。

| 2 | 站姿屈髋训练 | p.96 |

2组，每组10~6次。

| 3 | 直腿硬拉 | p.120 |

2组，每组10~6次。

| 4 | 重球投掷训练 | p.85 |

2组，每组20次。

| 5 | 半蹲 | p.91 |

2组，每组10~6次。

| 6 | 转体卷腹 | p.74 |

2组，每组12~8次。

7 划船　　　　　　　　　　　　p.123
2组，每组12～8次。

8 内收肌静力训练　　　　　　　p.106
1组，每组6～3次，
每次保持至少30秒。

9 耸肩　　　　　　　　　　　　p.66
2组，每组10～6次。

10 悬垂腕弯举　　　　　　　　　p.103
2组，每组30～20次。

11 胫前肌屈伸练习　　　　　　　p.111
1组，每组6～4次，
每次保持至少30秒。

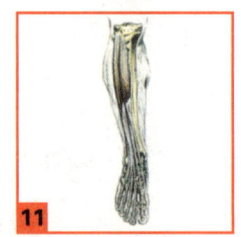

针对性训练计划

为了更好地提高你的身体素质与搏击能力，你需要让训练计划变得更加具备针对性。最理想的方式是每周进行至少两次的针对性训练计划，并且再进行一次循环训练（见第137～138页）。

拳击训练计划

1 滑轮击拳练习　　　　　　　　p.83
5组，每组12～8次。

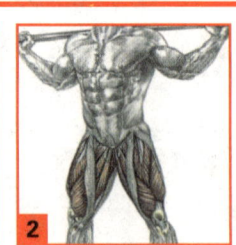

2 半蹲　　　　　　　　　　　　p.91
3组，每组10～6次。

3 重球投掷训练　　　　　　　　p.85
3组，每组15次。

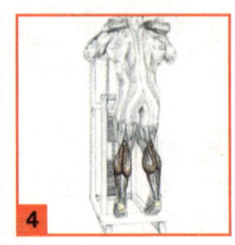

4 站姿提踵　　　　　　　　　　p.93
3组，每组20～10次。

5 腕弯举

6 腕屈伸超级组   p.88与p.89

每个动作训练20～15次，共进行3组超级组。

踢击训练计划

1 站姿屈髋训练   p.96

4组，每组8～4次。

2 半蹲   p.91

3组，每组10～6次。

3 悬垂举腿   p.98

3组，每组20～10次。

4 跪姿弹力带膝击训练   p.99

4组，每组10～6次。

5 仰卧起坐   p.70

3组，每组25～12次。

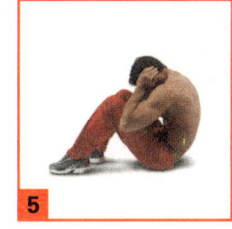

地面搏击训练计划

1 全程腿举   p.108

3组，每组10～6次。

2 器械吊带悬垂训练   p.105

1组3～6次，
每次保持至少30秒。

3 内收肌静力训练 p.106

1组3~6次，
每次保持至少30秒。

4 胫前肌屈伸训练 p.111

1组3~6次，
每次保持至少30秒。

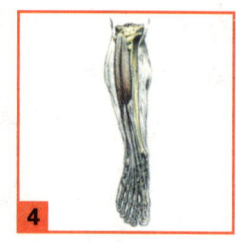

5 跪姿硬拉 p.119

3组，每组20~12次。

6 转体卷腹 p.74

3组，每组25~12次。

增强对抗能力训练计划

1 半蹲 p.91

4组，每组10~6次。

2 窄握卧推 p.81

4组，每组10~6次。

3 跪姿硬拉 p.119

3组，每组20~12次。

4 器械吊带悬垂训练 p.105

1组3~6次，
每次至少保持30秒。

5 耸肩 p.66

3组，每组8~6次。

6 站姿提踵 p.93

3组，每组20~12次。

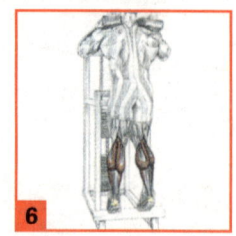

循环耐力训练

为了更好地提高你的心肺能力,你需要选择循环训练的方式。进入循环训练必须建立在1~2个月的肌肉力量训练计划基础上。

基础循环训练,初级阶段

进行2~3个循环,每个动作重复15~20次,期间采用最短休息法则。每周至少进行一次训练。

1 高翻挺 p.121
15~20次。

2 窄握卧推 p.81
15~20次。

3 半蹲 p.91
15~20次。

4 仰卧起坐 p.70
15~20次。

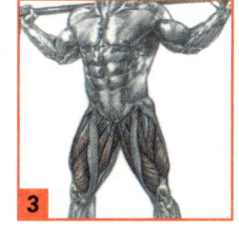

基础循环训练,中级阶段

进行3~4个循环,每个动作重复15~20次,期间采用最短休息法则。每周至少进行一次训练。

1 高翻挺 p.121
15~20次。

2 窄握卧推 p.81
15~20次。

3 转体卷腹 p.74
15~20次。

4 半蹲 p.91
15~20次。

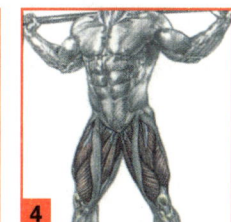

5 仰卧起坐　　　　　　　　　　p.70

15~20次。

> **注意**：在部分循环训练中可以使用牙套护具，因为它可以起到租期呼吸的作用，特别是当你还不是特别熟悉其使用方式时。

基础循环训练，进阶阶段

进行3~4个循环，每个动作重复15~20次，期间采用最短休息法则。每周至少进行两次训练。

1 高翻挺　　　　　　　　　　p.121

15~20次。

2 窄握卧推　　　　　　　　　p.81

15~20次。

3 半蹲　　　　　　　　　　　p.91

15~20次。

4 仰卧起坐　　　　　　　　　p.70

15~20次。

5 划船　　　　　　　　　　　p.123

15~20次。

6 负重呼吸练习　　　　　　　p.114

至少50次。

针对性循环训练

为了增强你的耐力水平与击打效率，使用针对性循环训练是最佳选择。

拳击循环训练

进行3~5个循环，每个动作重复15~20次，期间采用最短休息法则。每周至少进行一次训练。

1　滑轮击拳练习　　　　　　　p.83
15~20次。

2　半蹲　　　　　　　　　　　p.91
15~20次。

3　重球投掷练习　　　　　　　p.85
15~20次。

4　腕屈伸　　　　　　　　　　p.87
15~20次。

5　负重呼吸练习　　　　　　　p.114
至少50次。

踢击循环训练

进行3~5个循环，每个动作重复15~20次，期间采用最短休息法则。每周至少进行一次训练。

1　站姿屈髋训练　　　　　　　p.96
15~20次。

2　半蹲　　　　　　　　　　　p.91
15~20次。

3　仰卧起坐　　　　　　　　　p.70
15~20次。

4　跪姿弹力带膝击训练　　　　p.99
15~20次。

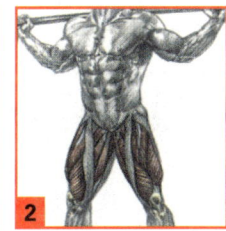

| 5 | 负重呼吸练习 | p.114 |

至少50次。

地面搏击循环训练

进行3~4个循环，每个动作重复15~20次，期间采用最短休息法则。每周至少进行一次训练。

| 1 | 全程腿举 | p.108 |

15~20次。

| 2 | 器械吊带悬垂训练 | p.105 |

15~20次。

| 3 | 内收肌静力训练 | p.106 |

3次，每次保持至少30秒。

| 4 | 转体卷腹 | p.74 |

15~20次。

| 5 | 跪姿硬拉 | p.119 |

15~20次。

| 6 | 负重呼吸练习 | p.114 |

至少50次。

增强对抗能力循环训练

进行3~4个循环，每个动作重复12~15次，期间采用最短休息法则。每周至少进行一次训练。

| 1 | 半蹲 | p.91 |

12~15次。

| 2 | 耸肩 | p.66 |

12~15次。

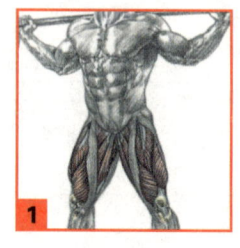 

3 器械吊带悬垂训练　　　　　　p.105

3次，每次保持至少30秒。

4 窄握卧推　　　　　　　　　　p.81

12~15次。

5 跪姿硬拉　　　　　　　　　　p.119

12~15次。

6 负重呼吸练习　　　　　　　　p.114

至少50次。

家庭循环训练

颈部与腹部肌肉是你可以在家中通过孤立训练专门强化的两大肌肉群，不需要过多的器械辅助，可以帮助你节省一部分训练时间。

保护颈部训练计划

进行3~5个循环，每个动作重复20~30次，期间采用最短休息法则。每周进行2~3次训练。

1 颈弯举　　　　　　　　　　　p.60

20~30次。

2 颈屈伸　　　　　　　　　　　p.61

20~30次。

3 颈侧屈　　　　　　　　　　　p.63

20~30次。

腹部肌群训练计划

进行4～6个循环，期间采用无休息法则。每周进行2～3次训练。

1 仰卧起坐   p.70
50～30次。

2 平板支撑   p.79
至少30秒。

3 转体卷腹   p.74
单侧训练30～15次。

4 平板支撑   p.79
至少30秒。

预防伤病训练计划

关节的疼痛会对你的运动能力产生影响。一些肌肉力量训练计划可以帮助你预防搏击运动中常见的伤病。在这里你的目标便是通过训练来强化关节，改善身体的薄弱点。

预防肩部伤病

搏击运动员需要剧烈的移动肩部肌群，这会导致三角肌的损伤。为了避免该类型伤病，你需要让肌肉充分发展以便保护相应关节。即提高你的三角肌后束、下棘肌与斜方肌下部水平。

进行3～5个循环，每个动作重复15～25次，期间采用无休息法则。每周至少进行两次训练。将这个循环训练放在你的肌肉力量或搏击训练计划前，作为热身训练。

1 自动织布机训练   p.85
15～25次。

2 划船   p.123
15～25次。

预防腰部伤病

下背部在搏击运动中始终扮演重要角色。为了预防腰部伤病,你需要强化支撑腰椎的所有肌群,即提高腹部肌群(特别是下腹部)、腹斜肌肌群与脊柱肌群。

进行2~4个循环,每个动作重复15~25次,期间采用最短休息法则。每周至少进行一次训练。将这个循环训练放在你的肌肉力量或搏击训练计划最后。

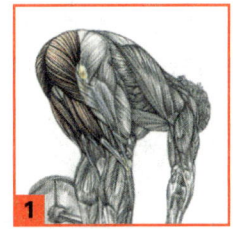

1　直腿硬拉　　　　　　　　　　　p.120
15~25次。

2　悬垂举腿　　　　　　　　　　　p.98
15~25次。

3　转体卷腹　　　　　　　　　　　p.74
15~25次。

预防颈椎伤病

颈部在运动中一直受到严重的考验。为了保护其健康水平,你需要强化所有保持颈部健康的肌肉,尤其是斜方肌上部。

采用无休息法则。每周至少进行两次训练。将这个循环训练放在你的肌肉力量或搏击训练计划最后。

1　耸肩　　　　　　　　　　　　　p.66
8~12次。

2　颈屈伸　　　　　　　　　　　　p.61
20~30次。

3　颈弯举　　　　　　　　　　　　p.60
20~30次。

4　高翻挺　　　　　　　　　　　　p.121
8~12次。

5　颈侧屈　　　　　　　　　　　　p.63
20~30次。

预防髋部伤病

猛烈地旋转髋部容易引发小肌肉群的损伤，影响大腿的运动方向。故强化这部分肌肉是十分必要的。

进行2~3个循环，每个动作重复20~10次，每周至少进行两次训练。与其连续进行力量训练，不如在每两个力量训练动作间都进行一次30秒的拉伸练习。将这个循环训练放到肌肉力量训练计划之前或最后皆可。

1 内收肌静力训练   p.106
20~10次，
每次保持至少30秒。

2 旋转髋部拉伸练习   p.115
每侧拉伸至少30秒。

3 腿弯举   p.110
20~10次。

4 旋转髋部拉伸练习   p.115
每侧拉伸至少30秒。

5 直腿硬拉   p.120
20~10次。

6 旋转髋部拉伸练习   p.115
每侧拉伸至少30秒。

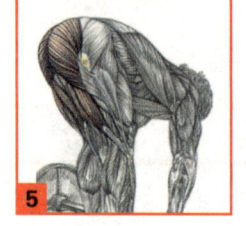

预防膝关节与腘绳肌肌群伤病

膝关节伤病在搏击运动中是很常见的。因为股四头肌与腘绳肌肌群力量的不平衡性,故十分容易导致膝关节的伤病。训练计划需要同时兼顾股四头肌与腘绳肌肌群的训练,它们对于搏击运动都是十分重要的。

因为压力的不平衡性,所以导致膝关节本身向外突出。一份优秀的肌肉力量训练计划需要将其重新平衡。此外,强化大腿后侧肌群也可以帮助你预防腘绳肌肌群的创伤。

进行2~3个循环,每个动作重复10~25次,每周至少进行两次训练。将这个循环训练放到每次训练的开始,作为热身训练使用。

1 屈腿硬拉　　　　　　　　　　　p.118
10~25次。

2 旋转髋关节拉伸练习　　　　　p.115
每侧拉伸至少30秒。

3 全程腿举　　　　　　　　　　　p.108
10~25次。

4 旋转髋关节拉伸练习　　　　　p.115
每侧拉伸至少30秒。

Originally published in French by Éditions Vigot, Paris, France under the title:

Musculation pour le fight et les sports de combat 1st edition © Vigot 2012.

Simplified Chinese translation copyright 2014 Shandong Science and Technology Press Co., Ltd.

版权登记号：图字 15-2014-90

图书在版编目（CIP）数据

力量与搏击训练／［法］德拉威尔，［法］甘地编著；尹承昊译．—济南：山东科学技术出版社，2014.8（2024.4重印）

ISBN 978-7-5331-7551-1

Ⅰ.①力…　Ⅱ.①德…　②甘…　③尹…　Ⅲ.①健身运动—基本知识　Ⅳ.① G883

中国版本图书馆 CIP 数据核字（2014）第 133411 号

力量与搏击训练
LILIANG YU BOJI XUNLIAN

责任编辑：张丽炜
装帧设计：魏　然

主管单位：山东出版传媒股份有限公司
出 版 者：山东科学技术出版社
　　　　　地址：济南市市中区英雄山路 189 号
　　　　　邮编：250002　电话：（0531）82098088
　　　　　网址：www.lkj.com.cn
　　　　　电子邮件：sdkj@sdcbcm.com
发 行 者：山东科学技术出版社
　　　　　地址：济南市市中区英雄山路 189 号
　　　　　邮编：250002　电话：（0531）82098071
印 刷 者：山东联志智能印刷有限公司
　　　　　地址：山东省济南市历城区郭店街道相公庄村
　　　　　　　　文化产业园 2 号厂房
　　　　　邮编：250100　电话：（0531）88812798

规格：16 开（185 mm×245 mm）
印张：9
版次：2014 年 8 月第 1 版　　印次：2024 年 4 月第 7 次印刷
定价：55.00 元